AF497830

in-16. Hofayer. — 2000 ex

CATALOGUE MENSUEL

(Nouvelle Série, N° 30)

MARS 1900

LIBRAIRIE

DE

THÉOPHILE BELIN

29, Quai Voltaire, PARIS

SOMMAIRE

Allier. L'Ancien Bourbonnais, 1833-38, 3 vol. — *Azeglio*. La réale Galleria di Torino, 1836-44, 4 vol. — *Barbazan*. Fabliaux et Contes, 1808, 4 vol. — *Bassompierre*. Mémoires et Ambassades, 1665-68, 4 vol. — *Bonfons*. Antiquitez de Paris, 1608. — *Commines*. Cronique et histoire, 1526. — *Corneille* (*P. et Th.*). Théâtre, 1740, 10 vol. — *Daviler*. Cours d'Architecture, 1738. — *Decaisne*. Jardin fruitier, 1871-72, 9 vol. — *Fénelon*. Aventures de Télémaque, 1785, 2 vol. — Fête publique pour le mariage du Dauphin, 1747. — Galerie de Dusseldorff, 1778. — Heures : 1503, 1508, 1513. — *Laborde*. Voyages. — *La Chenaye-Desbois*. Dictionnaire de la Noblesse, 1863-76, 19 vol. — *La Fontaine*. Contes, 1795, 2 vol. — *Lanté*. Costumes de divers pays. — *Méon*. Le Roman du Renart, 1826-35, 5 vol. — *Mérian*. Histoire des insectes de Surinam, 1773, 4 vol. — *Mitelli*. Proverbi figurati, 1678. — *Montfaucon*. L'Antiquité expliquée, 1719-57, 15 vol. — *Montfaucon*. Monuments de la monarchie françoise, 1729-33, 5 vol. — *Mordant de Launay*. Herbier général, 1816-27, 8 vol. — *Morice* (Dom). Histoire de Bretagne, 1742-46, 5 vol. — *Ovide*. Métamorphoses, 1767-71, 4 vol. — *Palladio*. Les Bâtimens, 1776-85, 5 vol. — *Quérard*. La France littéraire et la littérature française, 1827-57, 18 vol. — Le Règne végétal, 1871, 17 vol. — Représentation des fêtes données à Strasbourg, 1745. — *Robillard*. Le Musée français, 1803, 4 vol. — *Rousseau*. Œuvres, 1774-83, 12 vol. — *Sauzay et Delange*. Monographie de l'œuvre de B. Palissy, 1862.

PARIS

LIBRAIRIE THÉOPHILE BELIN

29, QUAI VOLTAIRE, 29

1900

435. Académie française. Eaux-fortes par Robert Kastor. *Paris, Quantin, s. d.* (1894) ; pet. in-fol., *en feuilles,* dans un carton. 10 fr.

40 portraits à l'eau-forte représentant les titulaires des 40 fauteuils depuis Ernest Legouvé jusqu'à Ferdinand Brunetière.

436. Achaintre. Histoire de Marie-Antoinette, archiduchesse d'Autriche, reine de France et de Navarre. *Paris, Picard,* 1824 ; in-12, portr. et fig., veau fauve, dos fleurdelisé, fil., tr. dor. (*Simier*). 20 fr.

437. Achillis Tatii de Clitophontis et Leucippes amoribus lib. VIII. Longi Sophistæ de Daphinidis et Chloes amoribus lib. IV. Parthenii Nicæensis de amatoris affectibus lib. I. Iterum edita grèce ac latinè. *In Bibliopolio Commeliniano* (*Heidelbergæ*), 1606; in-8, mar. rouge, dos orné, comp. et entrelacs, tr. dor. (*Rel. anc.*). 250 fr.

PREMIÈRE ÉDITION, avec titre renouvelé, du texte grec de ce roman.

438. Actrices (les) de Paris. Portraits de E. de Liphart. Texte par Emile Bergerat, Daniel Bernard, E. Blémont, J. Claretie, P. Elzéar, M. Guillemot, Guy de Maupassant, E. d'Hervilly, L. Leroy, Fr. Sarcey, S.-Juirs, V. Wilder. *Paris, Launette,* 1882 ; gr. in-8, cart., *non rogné.* 20 fr.

Exemplaire avec le tirage des vignettes en bistre. Couverture conservée.

439. Album de la Mode. Chroniques du Monde fashionable, ou choix de morceaux de littérature contemporaine, par MM. Jules Janin, Henry Martin, Gustave Drouineau, vicomte de Marquessac, Alexandre Dumas, Gustave Albitte, Emile Deschamps, Jules Lacroix, vicomte d'Arlincourt, P.-L. Jacob, Petrus Borel et Eugène Sue. *Paris, Louis Janet,* 1833 ; pet. in-8, demi-rel. chagr. rouge, tr. dor. 25 fr.

Nouvelles romantiques. — Lithographies par *Devéria* et *Alfred Johannot.*

440. Album de la Vie parisienne. 1894-1896. Pet. in-fol., cart. 15 fr.

A la Monaco. — Fantaisies féminines. — Les Coulisses de l'Amour. — Autour de la femme. — L'Amour dans ses meubles Illustrations de *Bac,Damblans,Cayron, Sahib, Gray, Gerbault, Job, Vallet,* etc.

441. Album du Salon de 1840 [1841, 1842, 1843 et 1844]. Collection des principaux ouvrages exposés au Louvre, reproduits par les peintres eux-mêmes. *Paris, Challamel,* 1840-1844 ; 5 vol. in-4, cart., *non rognés.* 40 fr.

Texte par Jules Robert et W. Thénint. Lithographies sur blanc et sur Chine par *Adolphe, Baron, Challamel, Cornuel, Dauzats, Deshays, Frère, Laurens, Lemoine, Henriquel Dupont, L. Noël,* etc.

442. Albums (Petits) pour rire. *Paris, Maresq et Philipon fils, s. d. ;* 3 vol. in-8, cart. toile. 35 fr.

Spirituelles caricatures gravées sur bois Les Lorettes, les Actrices, Plaisirs champêtres, les Grotesques, le Carnaval, Croquades, etc. 48 numéros (sur 81) : 3, 5, 6, 8, 11, 13 à 15, 18, 23, 24, 26 à 28, 31, 35, 37, 38, 40, 43, 46, 48 à 55, 57 à 60, 63 à 69, 71, 73, 74, 76 à 79, 81. — Rare.

443. Allier (Achille). L'Ancien Bourbonnais (histoire, monuments, mœurs, statistique), par Achille Allier, gravé et lithographié sous la direction de M. Aimé Chenavard, d'après les dessins et documens de M. Dufour, par une société d'artistes. *Moulins, Desrosiers fils,* 1833-1838 ; 3 vol. in-fol., demi-rel. dos et coins de chagrin brun, dos orné, éb. 125 fr.

Intéressant ouvrage illustré d'un portrait et de 135 planches lithographiés.

444. Allom et **Barlett.** Devonshire and Cornwall illustrated, from original drawings by Thomas Allom, W. H. Barlett, etc., with historical and topographical descriptions by J. Britton and E. W. Brayley. *London, Fisher,* 1832 ; in-4, cart. toile. 35 fr.

140 gravures sur acier.

445. Allonville. Mémoires tirés des papiers d'un homme d'Etat, sur les causes secretes qui ont determiné la politique des cabinets dans la guerre de la Révolution, depuis 1792 jusqu'en 1815, par le comte d'Allonville, A. de Beauchamp et Schubart. *Paris, Ponthieu,* 1828-1838 ; 13 vol. in-8, br. 70 fr.

Mémoires très intéressants (voy. Barbier, III, 260).

446. Ambassades mémorables de la compagnie des Indes orientales des Provinces Unies, vers les empereurs du Japon. Contenant plusieurs choses remarquables et de plus la description des villes, bourgs, châteaux, forteresses, temples et autres bâtiments. *Amsterdam, J. de Meurs*, 1680 ; in-fol., veau brun.   30 fr.

Planches et figures sur cuivre.

447. Amour (L') en fureur ou les excès de la jalousie italienne. *La Haye, Jacques Brunel*, 1742 ; pet. in-12, veau.   20 fr.

On a relié à la suite : Réponses spirituelles de plusieurs grands hommes. *Cologne, P. Marteau*, 1733. — Pigmalion ou la statue animée (par Boureau-Deslandes). *Londres, Harding (Paris)*, 1744. Cet ouvrage a été condamné au feu.

448. Anacréon. Recueil de compositions dessinées par Girodet. Avec la traduction en prose des Odes de ce poète, faite également par Girodet. *Paris, Didot*, 1863 ; in-4, cart., *non rogné*.   20 fr.

54 planches au trait.

449. Anderson (Æneas). A Narrative of the british embassy to China, in the years 1792, 1793 and 1794 ; containing the various circumstances of the embassy, with accounts of customs and manners of the chinese. *London, printed for J. Debrett*, 1795 ; in-4, cart., *non rogné*.   10 fr.

450. Anecdotes diverses des règnes de Louis XIV, Louis XV et Louis XVI, en vers, prose, lettres, mémoires, chansons et épigrammes, réunis par un écolier de quinze ans du collège du Plessis-Sorbonne. *Paris*, 1790 ; 2 tomes en un vol. in-12, chagr. rouge, tête dor., *non rogné*.   25 fr.

On trouve dans ce recueil nombre de pièces satiriques et autres fort intéressantes.

451. Annales sainctes depuis la création du monde jusqu'à la passion de Jésus-Christ. Gr. in-4, mar. rouge, dos orné, fil. (*Rel. anc.*) 75 fr.

Manuscrit d'une bonne écriture du XVIIe siècle de 631 feuillets. Il s'arrête au règne de Salomon. Exécuté pour Henry d'Escoubleau de Sourdis, archevêque de Bordeaux (dont le monogramme orne le dos de la reliure), il passa à Charles d'Escoubleau qui fit frapper ses armes en or sur les plats du volume. Il devint ensuite la propriété du marquis de Courtauvaux dont le cachet de bibliothèque se voit au début et à la fin du manuscrit.

452. Anthologie française, ou chansons choisies depuis le 13e siècle jusqu'à présent. *S. l. (Paris)*, 1765; 3 vol. in-8, br.   40 fr.

Ouvrage édité par *Monnet*, illustré d'un portrait dessiné par *Cochin*, gravé par *Saint-Aubin*, et de 3 frontispices par *Gravelot*, gravés par *Lemire*. Toutes les chansons de ce recueil sont accompagnées de leur musique notée.

453. Apologie catholique contre les libelles, déclarations, advis, et consultations faictes, escrites et publiées par les liguez perturbateurs du repos du Royaume de France : qui se sont eslevez depuis le decès de feu Monseigneur, frère unique du roy. Par E. D. L. J. C. *S. l.* 1585 ; in-8, mar. bleu, tr. dor. (*Trautz-Bauzonnet*).   75 fr.

Ouvrage attribué à Pierre de Belloy, quoique les initiales qui se lisent sur le titre semblent désigner Edmond de l'Alouette, jurisconsulte.

454. — Le même. *S. l.*, 1585 ; in-8, veau.   20 fr.

455. Arétin (Pierre). Trois Livres de l'humanité de Jésuchrist, divinement descripte, et au vif représentée par Pierre Arétin. Nouvellement traduictz en François (par Jean de Vauzelles). (A la fin :) *Melchior et Gaspard Trechsel finirent d'imprimer ce livre à Lyon, le premier jour de Mars 1539* ; pet. in-8 de 7 ff. prélim., 358 pp. et 1 f. d'errata; mar. Lavallière jans., tr. dor.   75 fr.

PREMIÈRE ÉDITION. Haut. : 129 mm.

456. Aretino (Pietro). Les Ragionamenti ou Dialogues du divin Pietro Aretino. Texte italien et traduction complète par le Traducteur des *Dialogues de Luisa Sigea*. Avec une réduction du portrait de l'Arétin peint par le Titien et gravé par Marc-Antoine. Imprimé à cent exemplaires pour Isidore Liseux et ses amis. *Paris*, 1882 ; 6 vol. in-8, brochés.   180 fr.

Les *Ragionamenti* ou *Dialogues* putanesques de Pietro Aretino sont traduits ici pour la première fois. Cette œuvre hors ligne, dont tout le monde parle sans la connaitre, n'a rien de commun avec les ordures débitées depuis trois siècles sous le nom d'*Arétin*.

457. Arioste. Orlando furioso di Lodovico Ariosto. *Birmingham, Baskerville*, 1773 ; 4 vol. in-4, veau, dos orné, tr. dor. (*Rel. anc.*) 80 fr.

Exemplaire en GRAND PAPIER, illustré

d'un portrait par *Eisen*, gravé par *Ficquet* et de 46 figures par *Cipriani, Cochin, Eisen, Greuze, Monnet et Moreau*, gravées par *Choffard, de Ghendt, de Launay, de Longueil, Massard, Moreau, Ponce, Prevost, Simonet* et autres.

458. Armengaud. Les Galeries publiques de l'Europe. Rome-Italie. *Paris, J. Claye et Ch. Lahure,* 1856-1862 ; 2 vol. gr. in-4, mar. bleu, dos orné, fil., tête dor., *non rognés*, fermoirs.   180 fr.

    Exemplaire sur PAPIER DE CHINE. Nombreuses figures et portraits dans le texte.

459. Arnault (A.-V.). Vie politique et militaire de Napoléon. *Paris, Babeuf,* 1822-1826 ; 2 vol. in-fol., demi-rel. mar. rouge, *non rognés.*   120 fr.

    Très bel ouvrage illustré d'un frontispice, de 2 portraits de Napoléon et de 132 planches lithographiées par les meilleurs artistes de l'époque.

460. Art (L'). Revue bi-mensuelle illustrée. *Paris, Rouam.* De 1875 à 1878 ; 8 vol. in-fol., demi-rel. dos et coins de mar. vert, tête dor., *non rognés,* rel. neuve. — 1879 et 1880, 8 vol. br.; — du 2e semestre 1886 à fin 1889, 8 vol. br. et en livraisons.   450 fr.

461. Art-Journal (The). *London, James S. Virtue,* 1858-1875 ; 13 vol. in-4, demi-rel. dos et coins de mar. vert, dos orné, tr. dor.   100 fr.

    Années 1858 à 1866 et années 1872 à 1875 seules, de cette très intéressante publication illustrée de nombreuses planches gravées sur acier.

462. Asselineau. Meubles et objets divers du Moyen-Age et de la Renaissance, dessinés d'après nature et lithographiés. *Paris, Veith et Hauser,* 1844 ; 2 vol. in-fol. *en feuilles,* dans deux cartons. 70 fr.

    186 planches lithographiées.

463. Aubigné. Les Avantures du baron de Fœneste comprinses en quatre parties. Les trois premières reveues, augmentées et distinguées par chapitres. Ensemble la quatriesme partie nouvellement mise en lumière, le tout par le mesme autheur (Théodore Agrippa d'Aubigné). *Au Dézert, imprimé aux despens de l'autheur,* 1630 ; in-8 de 6 ff. prél. et 308 pp., mar. rouge, fil. à froid, tr. dor. (*Trautz-Bauzonnet,* 1850).   150 fr.

    PREMIÈRE ÉDITION COMPLÈTE.

Exemplaire du second tirage sous cette date avec les trois dernières pages régulièrement chiffrées.

464. Aubigné (Agrippa d'). Les Aventures du baron de Fœneste. Augmentées de plusieurs remarques historiques, de l'histoire secrète de l'auteur, écrite par lui-même, et de la bibliothèque de maître Guillaume, enrichie de notes par M*** (Le Duchat). *Amsterdam,* 1731 ; 2 vol. pet. in-8, mar. bleu, fil., dos orné, tr. dor. (*Capé*). 75 fr.

    Bel exemplaire. Frontispice gravé par *Rigaud.*

465. Auerbach (Berthold). La Fille aux pieds nus. Nouvelle traduite de l'allemand par J. Gourdault. *Paris, Hachette,* 1875 ; in-4, mar. bleu, dos orné, fil., tr. dor. 35 fr.

    Nombreuses gravures sur bois. Exemplaire sur PAPIER DE CHINE.

466. Augustin (Saint). Les Confessions. Traduction nouvelle avec introduction par Edmond Saint-Raymond. *Paris, G. Hurtrel, s. d.* (1883); in-8, br. dans un carton. 25 fr.

    Huit eaux-fortes composées et gravées par *Adolphe Lalauze.*

467. Azeglio. LA REALE GALLERIA DI TORINO. Illustrata da Roberto d'Azeglio. *Torino, Bassadona,* 1836-1844 ; 4 vol. in-fol., demi-rel. dos et coins de mar. chagrin vert, tête dor., *non rognés.*   400 fr.

    Très bel exemplaire sur PAPIER VÉLIN, contenant 165 planches, AVANT LA LETTRE.

468. Babié (F.) et **L. Beaumont.** Galerie militaire, ou notices historiques sur les généraux en chef, généraux de division, etc.; vice-amiraux, contre-amiraux, etc., qui ont commandé les armées françaises depuis le commencement de la Révolution jusqu'à l'an XIII. *Paris, Barba, an XIII* (1805) ; 7 vol. in-12, demi-rel. dos et coins de mar. rouge, tr. rouge (*Emile Rousselle*).   75 fr.

    Nombreux portraits en taille-douce. Très bel exemplaire.

469. Bade et ses environs dessinés d'après nature, par J. Coignet, avec des notices par Amédée Achard. *Paris, Hachette,* 1858; in-fol., demi-rel. chagrin vert.   35 fr.

    Nombreuses figures.

Achat de Bibliothèques

470. Barbaro (Daniel). La Pratica della Perspectiva. *Venetia, appr. Camillo et Rutilio Borgominieri;* pet. in-fol., fig., vélin.   20 fr.

Figures sur bois.

471. Barbazan. Fabliaux et Contes des poètes français des XIe, XIIe, XIIIe, XIVe et XVe siècles, tirés des meilleurs auteurs, nouv. édit., augmentée et revue sur les Mss. de la Bibliothèque Impériale par M. Méon. *Paris, B. Warée (de l'impr. de Crapelet)* 1808; 4 vol. in-8, fig., mar. rouge à long grain, *non rognés.*   150 fr.

4 figures par *Langlois,* gravées par *Delvaux* et de *Villiers.*
Exemplaire en GRAND PAPIER, avec triple état des gravures, EAUX-FORTES, AVANT LA LETTRE et avec lettre.

472. Bartlett. La Suisse pittoresque, ornée de vues dessinées spécialement pour cet ouvrage. *Londres, G. Virtue,* 1836; 2 vol. in-4, cart. toile, tr. dor.   25 fr.

106 planches gravées sur acier.

473. Barlett et **Beattie.** The Ports, harbourgs, watering-places, and coast scenery of Great Britain. Illustrated by wiews taken on the spot by W. H. Barlett; with descriptions by William Beattie. *London, George Virtue,* 1842; 2 vol. in-4, cart. toile.   40 fr.

125 jolies planches gravées sur acier.

474. Barrois. Eléments carlovingiens linguistiques et littéraires. *Paris, Crapelet,* 1846; in-4, demi-rel. dos et coins de mar. bleu, tête dor., *non rogné.*   18 fr.

475. Basnage. Dissertation historique, sur les Duels et les ordres de chevalerie, par M. Basnage. Nouvelle édition, avec un discours préliminaire par Pierre Roques. *Basle, Jean Christ,* 1740; in-12, bas.   12 fr.

476. Bassompierre. MÉMOIRES DU MARESCHAL DE BASSOMPIERRE contenant l'histoire de sa vie et de ce qui s'est fait de plus remarquable à la Cour de France pendant quelques années. *Cologne, Pierre Du Marteau,* 1665; 2 vol. — Ambassade du Mareschal de Bassompierre en Suisse l'an 1625. *Cologne, Pierre du Marteau (à la Sphère),* 1668; 2 tomes en 1 vol. — Ambassade du Mareschal de Bassompierre en Espagne, l'an 1621. *Cologne, Pierre du Marteau (à la Sphère),* 1668. — Négociation du Mareschal de Bassompierre, envoyé ambassadeur extraordinaire, en Angleterre de la part du Roy tres-chrestien, l'an 1626. *Cologne, Pierre du Marteau (à la Sphère),* 1668; 2 ouvrages en 1 vol. Ens. 4 vol. in-12, mar. rouge, dos orné, fil., tr. dor. (*Bauzonnet*).   500 fr.

EDITION ORIGINALE des *Mémoires* et la seule qui soit sortie des presses elzeviriennes; elle a été exécutée à Leyde par la veuve et les héritiers de Jean Elzevir. Bonne édition sous cette date des *Ambassades;* elle sort des presses des Steucker et s'annexe aux Elzeviers (Willems, *les Elzevier,* nᵒˢ 891 et 1783).
Hauteur : 132 et 133 mill. — Mouillure au volume *Ambassade d'Espagne.*

477. Bastard (le Cte Auguste de). Histoire de Jésus-Christ en figures, gouaches du XIIe au XIIIe siècle, conservées jadis à la collégiale de Saint-Martial de Limoges. *Paris, impr. Nationale,* 1879; in-fol., br.   20 fr.

30 planches donnant la reproduction de curieuses figures interprétant la vie de Jésus-Christ.

478. Beauchesne. La Vie et la légende de madame Sainte Notburg. Etablissement de la foi chrétienne dans la vallée du Neckar. *Paris, L. Plon,* 1868; gr. in-8, br.   10 fr.

Ouvrage imprimé en caractères gothiques, avec texte encadré, orné de 84 gravures sur bois d'après *S. Langlois.*

479. Beaufort. Le grand Portefeuille politique à l'usage des Princes et des Ministres, des Ambassadeurs, etc., en dix-neuf tableaux. *Paris, l'auteur et Maradan,* 1789; in-fol., veau marbr., dos orné, fil., tr. dor. (*Rel. anc.*).   50 fr.

Aux armes du duc de CHAROST. Le faux-titre porte la signature de l'auteur.

480. Beaumarchais. La Folle Journée, ou le Mariage de Figaro. Comédie en cinq actes en prose de M. de Beaumarchais. *De l'Impr. de la Société Littéraire typographique et se trouve a Paris, chez Ruault,* 1785; in-8, mar. rouge, dos orné, fil., tr. dor. (*Marius-Michel*).   250 fr.

Bel exemplaire tiré sur GRAND PAPIER

VÉLIN, contenant la suite des 5 figures dessinées par *Saint-Quentin*, gravées par *Halbou, Liénard* et *Lingée.*

481. Beaumont. Gouverneurs, Lieutenans de Roy, Prevôts des marchands, Echevins, Procureurs, Avocats du Roy, Greffiers, Receveurs, Conseillers et Quartiniers de la ville de Paris, gravées par Beaumont. (*Paris*, 1744); in-fol., demi-rel. veau fauve, tr. dor.   150 fr.

Très bel exemplaire de ce rare armorial des plus importants pour l'histoire de Paris. Il donne avec une rigoureuse exactitude les blasons de tous les magistrats mentionnés dans le titre depuis le milieu du XIV° siècle jusqu'à 1740.

482. Beaux-Arts (Les). Musée des chefs-d'œuvre contemporains. *Paris, Dentu,* 1875-1880 inclus; 2 vol. in-fol., cart., *non rognés.*   80 fr.

265 planches, la plupart gravées à l'eauforte d'après les meilleures œuvres de Delacroix, Baudry, Puvis de Chavannes, Prudhon, Corot, Millet, Raphaël, Fortuny et autres célèbres peintres anciens et modernes.

483. Bedos de Celles. L'Art du Facteur d'orgues. *S. l.,* 1766-1778; 4 part. en 2 vol. in-fol., demi-rel. dos et coins de veau. 70 fr.

137 planches.

484. Bellori (J.-P.). Veteres Arcus Augustorum Triumphis insignes ex reliquis quæ Romæ adhuc supersunt cum imaginibus triumphalibus restitute. *Romæ, Typ. J. Fr. de Buagnis,* 1690; in-fol., vélin.   35 fr.

52 planches gravées sur cuivre.

485. Belon (Pierre). L'Histoire de la nature des Oiseaux, avec leurs descriptions et naïfs portraicts retirez du naturel. *Paris, Gilles Corrozet,* 1555; pet. in-fol., fig., demi-rel. bas.   35 fr.

Portrait de l'auteur et figures d'oiseaux gravées sur bois.
A la page 105 se trouve un chapitre traitant « des oyseaux de proye servant à la Fauconnerie ». — Taches de rousseur.

486. Benaven (Jean-Michel). Le Caissier Italien, ou l'art de connoître toutes les monnoies actuelles d'Italie, ainsi que celles de tous les états et princes de l'Europe qui y ont cours. Avec le détail des productions de l'Italie, les usages pour les lettres de change, la manière de faire les payements, les poids, mesures et autres objets relatifs au commerce. *S. l.,* 1787; 2 vol. in-fol., veau.   20 fr.

Ouvrage recherché contenant 173 planches.

487. Betencourt (Dom). Noms féodaux ou noms de ceux qui ont tenu fiefs en France depuis le XII° siècle jusque vers le milieu du XVIII°. *Paris, Schlesinger,* 1867-1868; 4 vol. in-8, br.   18 fr.

PAPIER VERGÉ. Précieux ouvrage pour les Fiefs de l'Anjou, de l'Aunis, de l'Auvergne, du Beaujolais, du Berry, du Bourbonnais, du Forez, du Lyonnais, du Maine et de la Saintonge, de la Marche, du Nivernais, de la Touraine, d'une partie de l'Angoumois et du Poitou.

488. Bi-bi, conte, traduit du chinois par un français. Première et peut-être dernière édition. *A Mazuli, chez Khilo-Khula, imprimeur privilégié pour les mauvais ouvrages, l'an du Sal-Chodaï 623 (vers 1746);* pet. in-8, mar. rouge, dos orné, fil., tr. dor. (*Capé*).   30 fr.

Cet ouvrage est dû à François-Antoine Chevrier.

489. Bible (Sainte). Traduction nouvelle selon la vulgate, par MM. J. Bourassé et P. Janvier. *Tours, A. Mame,* 1866; 2 vol. in-fol, cart., *non rognés.*   110 fr.

Illustrations de *G. Doré.* Texte ornementé par *H. Giacomelli.* Très bel ouvrage dans son cartonnage d'éditeur.

490. Bibliophile (Le) français. Gazette illustrée des amateurs de livres, d'estampes et de haute curiosité. *Paris, Bachelin, Delorenne,* 1868-1873; 7 vol. gr. in-8, br. 70 fr.

491. Bijoux (les) des neuf sœurs. Avec de jolies gravures. *Paris, Defer de Maisonneuve,* 1790; 2 vol. pet. in-12, veau vert.   35 fr.

Recueil de poésies par Piron, de Piis, Chaulieu, Voltaire et autres.
2 frontispices et 4 figures par *Le Barbier* gravés par *Gaucher.*

492. Billardon de Sauvigny. Essais historiques sur les mœurs des françois ou traduction abregée des chroniques et autres ouvrages des auteurs contemporains depuis Clovis jusqu'à Saint Louis. *Paris, Clousier,* 1785-1792; 6 vol. in-4, cart., *non rognés.*   60 fr.

Exemplaire en GRAND PAPIER, entièrement non rogné, illustré de 104 figures au lavis, dont 74 coloriées.

493. Bitaubé. Joseph, par Bitaubé. Sixième édition revue et corrigée. *Paris, Didot aîné*, 1797; 2 vol. pet. in-12, veau gris, dos orné, orn. à froid, tr. dor. 20 fr.

9 figures de *Marillier*, gravées par *Née*. Jolie reliure romantique.

494. Blanc (Charles). Grammaire des arts du dessin, architecture, sculpture, peinture. *Paris, J. Renouard*, 1867 ; gr. in-8, fig., demi-rel. mar. bleu, tête dor., *non rogné*. 35 fr.

Exemplaire en GRAND PAPIER VÉLIN. Envoi autographe de l'auteur.

495. Blanc (Charles). L'Œuvre de Rembrandt. Catalogue raisonné de toutes les estampes du maître et de ses peintures. *Paris, Lévy*, 1873 ; 2 vol. pet. in-fol., demi-rel. dos et coins de mar. brun, tête dor., *non rognés*. 80 fr.

40 eaux-fortes par *Flameng*, et 35 héliogravures d'*Amand Durand*.

496. Boccace. Contes et nouvelles de Bocace, florentin. Traduction libre, accommodée au goul de ce temps. *Amsterdam, George Gallet*, 1697 ; 2 vol. pet. in-8, vélin. 60 fr.

PREMIER TIRAGE des gravures de *Romain de Hooghe*.

497. Boccace. Les dix Journées de Jean Boccace, traduction de Le Maçon. Réimprimée par les soins de D. Jouaust, avec notice, notes et glossaire par Paul Lacroix. *Paris, Librairie des Bibliophiles*, 1873 ; 4 vol. in-8, mar. vert, tête dor., *non rognés (Petit)*. 150 fr.

L'un des 15 exemplaires sur PAPIER WHATMAN, avec onze eaux-fortes de *Flameng*, en double état, sur Chine et sur Whatman.
Bel exemplaire avec armoiries et chiffre sur chacun des plats de la reliure.

498. Boccace. Le Décaméron de Jean Bocace. Traduict d'italien en françoys par maistre Antoine le Maçon. Avec notice, notes et glossaires par Frédéric Dillaye. *Paris, Alphonse Lemerre*, 1882-1884 ; 5 vol. in-12, portr., br. 45 fr.

L'un des 50 exemplaires sur PAPIER WHATMAN (n° 1).

499. Bodin (Jean). De la Demonomanie des Sorciers, par J. Bodin, angevin. *Paris, Jacques du Puys*, 1581 ; in-4, veau granit, dos orné. 30 fr.

Bel exemplaire.

500. Bodin (Jean). Les Paradoxes du seigneur de Malestroit, conseiller du roy, sur le faict des Monnoyes, presentez à Sa Majesté au mois de mars 1566. Avec la response de Jean Bodin aux dicts paradoxes. *Paris, Martin le Jeune*, 1578; pet. in-8, de 128 pp. vélin. 25 fr.

Rare petit livre d'économie politique.

501. Boileau. Les Œuvres de Boileau-Despreaux, avec des éclaircissemens historiques (tirés de Brossette par J.-B. Souchay). *Paris, Veuve Alix*, 1740 ; 2 vol. in-4, fig., veau marbr., dos orné, fil., tr. dor. (*Rel. anc.*). 60 fr.

Belle édition renfermant un portrait par *Rigaud*, un fleuron, 7 vignettes en-tête par *Tremolières*, 38 culs-de-lampe et 6 lettres ornées, plus un fleuron en tête de la préface.
Cet exemplaire contient les 6 figures de *Cochin* illustrant le Lutrin.

502. Boileau. Œuvres. *Paris, P. Didot l'aîné*, 1819 ; 2 tomes en un vol. gr. in-fol., mar. rouge, dos orné, fil., tabis, tr. dor., étui (*Capé*). 100 fr.

Belle édition sur PAPIER VÉLIN, tirée à très petit nombre. Portrait gravé par *Drevet*, d'après de *Troy*, ajouté.

503. Boileau fils. Monument Gambetta. Souscription et programme, commentaire du projet Aubé-Boileau et monographie. *Paris, A. Daly, s. d.* ; in-fol. *en feuilles* dans un carton. 20 fr.

20 planches. Publié à 50 francs.

504. Boisard. Fables par M. Boisard. Seconde édition. *Paris*, 1777 ; 2 vol. in-8, front. et fig., veau fauve, dos orné, fil. (*Rel. anc.*). 80 fr.

Exemplaire en GRAND PAPIER, orné de 2 fleurons sur les titres, de 9 figures et de 2 culs-de-lampe par *Monnet*, gravés par *Saint-Aubin* et *E. Schmitz*.

505. Bonfons (Pierre). Les Antiquitez et choses plus remarquables de Paris, recueillies par M. Pierre Bonfons... Augmentée par frere Jacques du Breul, Religieux de l'Abbaye de Saint-Germain des Prez. *Paris, Nicolas Bonfons*, 1608; pet. in-8, fig. sur bois, mar. rouge, dos orné, fil., tr. dor. (*Trautz-Bauzonnet*). 120 fr.

Ouvrage des plus précieux pour l'histoire

Et de Livres anciens et modernes

de Paris, particulièrement pour les épi-
taphes que renfermaient alors les églises
et monastères de cette ville et que l'auteur a toutes relevées.

Bel exemplaire aux armes et au chiffre
du baron SEILLIÈRE.

506. Bonne. Atlas moderne ou collection de cartes sur toutes les
parties du globe terrestre par plusieurs auteurs. *Paris, Lattré et
Delalain,* 1771 ; 2 vol. pet. in-fol.,
demi-rel. chagr. vert.   60 fr.

PREMIÈRE ÉDITION de ce bel atlas dressé
pa *Bonne, Janvier et Zannoni,* comprenant 2 titres par *Monnet et Marillier,*
2 ff. grav. d'avertissement et 2 ff. gr. de
table, 55 cartes pour la première et 41
cartes pour la seconde partie, illustrées de
très beaux cartouches du plus pur style de
la fin du règne de Louis XV, par *Marillier,
Choffard, Arrivet* et autres.

507. Bouchat (Jean). Les Triomphes
de la noble et amoureuse Dame, en
l'art de honnestement aymer. Composé par le traverseur des Voyes
perilleuses. Nouvellement imprime
a Paris. *Imprime à Paris, par
Jehan Real,* 1541 ; pet. in-8 goth.
de 12 et 390 ff., mar. brun tête de
nègre, dos orné, double fil. à froid,
fleurons dorés, tr. dor. (*Chambolle-
Duru*).   100 fr.

Très bel exemplaire parfaitement conservé dans une excellente reliure de
Chambolle.

508. Cabinet (le) des beaux-arts, ou
Recueil d'estampes gravées d'après
les tableaux d'un plafond où les
beaux-arts sont représentés, avec
l'explication de ces mêmes tableaux
(en prose et en vers par Ch. Perrault). *Paris, Edelinck,* 1690 ;
in-4 obl., veau granit.   25 fr.

Texte entièrement gravé et 73 planches
par *Corneille, Bonnart, Le Pautre, Edelinck, Audran, Simonneau,* etc.

509. Cartari (Vincenzo). Le Imagine
dei Dei degli antichi nelle anali si
contengono gl' idoli, riti et altre
cose appartenenti alla religione
degli antichi. *Venetia, Ziletti,* 1580 ;
in-4, vélin.   20 fr.

Belles figures sur cuivre de *Bolognino
Zaltieri,* représentant tous les dieux de
la fable.

510. Cartari (Vincent). Les Images
des dieux des anciens, contenans
les idoles, coustumes, cérémonies
et autres choses appartenant à la
Religion des payens. Traduites en
françois par Antoine Du Verdier,
seigneur de Vauprivas. *Lyon, Est.*

Michel, 1581 ; in-4, réglé, veau
(*Rel. anc.*).   20 fr.

Portrait et belles figures gravés sur bois.

511. Caylus (Comte de). Recueil
d'Antiquités égyptiennes, étrusques,
grecques et romaines. *Paris, De-
saint et Saillant,* 1752 ; in-4, veau
marbr.   20 fr.

Frontispice et 107 planches.

512. Cazotte (Jacques). Œuvres ba-
dines et morales, historiques et
philosophiques. *Paris, J.-F. Bas-
tien,* 1817 ; 4 vol. in-8, fig., demi-
rel. basane verte.   25 fr.

PREMIÈRE ÉDITION des Œuvres complètes. Le Diable amoureux contient les
figures attribuées à *Gravelot.*

513. Chabat (Pierre). Fragments d'Architecture. Egypte, Grèce, Rome,
Moyen-âge, Renaissance, Age moderne, etc. *Paris, Morel,* 1868 ;
in-fol., *en feuilles,* dans un carton.   30 fr.

60 planches gravées sur cuivre. (La
feuille de texte pour la pl. 53 manque).

514. Cham. Les Zouaves. Album de
lithographies. *Paris, Bureau du
Charivari ;* in-4, br.   8 fr.

29 planches. — Mouillures.

515. Cham et **Daumier.** Actualités.
Paris (*vers 1856*) ; in-4 obl., demi-
rel. mar. rouge.   20 fr.

Album de 57 compositions humoristiques
dont 21 par *Cham* et 36 par *Daumier.*

516. Chefs-d'œuvre d'art (Les)
au Luxembourg, publiés sous la
direction de M. Eug. Montrosier,
avec le concours littéraire de M. L.
Allard, Th. de Banville, Champ-
fleury, J. Claretie, F. Coppée, A.
Daudet, Th. Gautier, A. Houssaye,
J. Janin, Lamartine, G. Sand,
Theuriet, L. Ulbach, Ch. Yriarte,
etc., etc., poésies d'Adrien Dézamy.
Paris, Baschet, 1881 ; in-fol., en
livraisons, dans un carton.   60 fr.

Exemplaire sur PAPIER DE HOLLANDE,
avec gravures sur Chine.

517. Chronologie des Gentils-hom-
mes reçus à la Chambre de la noblesse des Etats du pays et comté
de Hainaut depuis 1530 jusqu'en
1779. *Paris, Saillant,* 1780 ; gr.
in-fol., cart.   50 fr.

Tableaux généalogiques avec armoiries
gravées sur cuivre.

518. Claesen. Motifs de Décoration extérieure et intérieure appliqués aux édifices publics comme aux habitations particulières. *Liège et Leipzig, Claesen, s. d.;* in-fol., fig., demi-rel. dos et coins de chagr. bleu, tête dor., *non rogné.* 40 fr.

519. Collection de poésies, romans, chroniques, etc., publiée d'après d'anciens manuscrits et d'après des éditions des XVe et XVIe siècles. *Paris, Silvestre et Potier, (impr. de Crapelet, puis de Lahure),* 1838-1858 ; 23 vol. in-16 goth., fig., br. 55 fr.

Cette collection, l'une des mieux imprimées en ce genre, comprend : 1. Les sept Marchans de Naples. — 2. Maistre Aliborum. — 3. Sensuyvent plusieurs belles chansons. — 4. Le roman de Richart, fils de Robert le Diable. — 5. Moralité à l'honneur de la glorieuse Assumption, par J. Parmentier. — 6. Les Proverbes communs (par Jean de la Veperie). — 7. Nativité de N. S. Jésus Christ par personnalité. — 8. Miracle de N. D. de Berthe. — 9. Bigorne qui mange tous les hommes. — 10. Mirouer des femmes vertueuses. — 11. Miracle de N. D. de la marquise de la Gaudine. — 12. Le Mystère de la vie et histoire de Mgr Sainct Martin. — 13. Le Songe de la thoison d'or. — 14. L'hystoire plaisante du noble Syperis de Vinevaulx. — 15. La guerre et le debat entre la langue, les membres et le ventre. — 16. Le Chevalier délibéré. — 17. Les grans regretz et complainte de Mlle du Pallays. — 18. Listoyre de Pierre de Provence. — 19. Le Temple donnour por Jehan Froissart. — 20. Les Cronicques de Gargantua. — 21. Le Testament de Lucifer, par P. Gringore. — 22. Le Roman de Edipus. — 23. M. Hambrelin. — 24 et dernier (manque).

520. Commines. Cronique et Hystoire faicte et composee par feu messire Philippe de Comines chevalier, seigneur Dargenton, contenant les choses advenues durant le règne du roy Loys unziesme, tant en France, Bourgogne, Flandres, Arthoys, Angleterre que Espaigne, et lieux circonvoisins. Nouvellement reveue et corrigee, avec la table des chapitres contenuz en ladicte Cronique. *Il se vend a Lyon sur le Rosne en la maison Claude Nourry, dit le Prince : aupres de nostre dame de Confort. (A la fin :) ...Et fut achevee dimprimer le xij jour du moys Davril lan mil cinq cens xxvj (1526), par Claude Nourry dit le Prince demourant à Lyon sur le Rosne pres nostre dame de Confort ;* in-4 goth. de 4 ff. lim. et

108 chiffrés à longues lignes, tire rouge et noir, gravure sur bois au verso du titre, mar. rouge jans., tr. dor. *(Trautz-Bauzonnet).* 325 fr.

Cinquième édition, très rare, de la *Chronique* de Commines. La première est celle de *Paris, Galliot du Pré,* 26 avril 1524. Voy. F. Vander Haeghen, *Bibliotheca Belgica.* Très bel exemplaire, rempli de témoins.

521. Commines. Mémoires de messire Philippe de Comines, seigneur d'Argenton. Augmentez de plusieurs traitez, contracts, testaments, actes et observations par M. Denys Godefroy, *Brusselle, Franç. Foppens,* 1714 ; 4 vol. in-8, portr., veau marbr., dos orné *(Rel. anc.).* 25 fr.

Bonne édition. Le 4e volume forme le supplément.

522. Conti (Prince de). Les Devoirs des Grands, par Mgr le prince de Conty, avec son testament. *Paris, Claude Barbin,* 1666 ; pet. in-8, mar. rouge jans., tr. dor. *(Hardy-Mennil).* 20 fr.

ÉDITION ORIGINALE publiée par de Vigan, gouverneur des pages du prince. Bel exemplaire grand de marges.

523. Corneille. Le Théâtre de P. Corneille. Nouvelle édition, enrichie de figures en taille-douce. *Amsterdam,* 1750, 5 vol. in-18. — Le Théâtre de Thomas Corneille. Nouvelle édition enrichie de figures en taille-douce. *Amsterdam,* 1740 ; 5 vol. Ens. 10 vol. in-18, fig., mar. citron, dos orné, tr. dor. *(Rel. anc.).* 250 fr.

524. Corneille (Pierre). Théâtre de P. Corneille. Texte de 1682, avec notices et notes par Alphonse Pauly. *Paris, Alphonse Lemerre,* 1881-1886 ; 8 vol. in-12, portr., br. 70 fr.

L'un des 50 exemplaires sur PAPIER WHATMAN (n° 1) avec la suite des 35 eaux-fortes par *Mongin,* d'après *Gravelot,* tirées sur même papier et de format gr. in-8.

525. Costumes de Théâtre, lithographiés d'après Hippolyte Lecomte, Albert et autres. *Paris, Engelmann* (1820-1835); 2 vol. in-8, demi-rel. dos et coins de mar. rouge, dos orné. 150 fr.

Recueil de 366 costumes en couleurs de pièces de théâtre réprésentées à l'Opéra, aux Français, à l'Opéra-Comique, au second théâtre français et à la Porte Saint-Martin.

526. Costumes. Modes de Paris.

125 planches coloriées de costumes et de coiffures de dames et d'hommes publiées par le petit Courrier des Dames. *Paris* (1822-1825); in-8, velours noir. 60 fr.

527. **Costumes**. Picturesques representations of the dress and manners of the Chinese, illustrated in fifty coloured engravigs, vith descriptions, by William Alexander. *London* (1814); in-8, mar. brun à grains longs, dos orné, dent., tr. dor. (*Rel. angl.*). 50 fr.

50 planches coloriées avec soin.

528. **Costumes**. Recueil factice de 98 planches en noir et en couleurs tirées de divers ouvrages représentant des Costumes de différentes nations et des Costumes de théâtre à la fin du XVIIIe et au commencement du XIXe siècle; in-4, demi-rel. dos et coins de chagr. rouge. 40 fr.

529. **Courmont** (Louis de). Feuilles au vent. Poésies. *Paris, Tresse,* 1884; gr. in-8, br. 8 fr.

Portrait et illustrations par *Beauvais, Duvivier, Millot*, etc., dont quelques-unes gravées à l'eau-forte. Publié à 20 francs.

530. **Courses** de testes et de bague, faittes par le Roy et par les princes et seigneurs de sa Cour, en l'année 1662. *Paris, impr. royale,* 1670; in-fol., front. et pl., vélin. 150 fr.

Cette relation, rédigée par Charles Perrault et Esprit Fléchier, est ornée d'un frontispice contenant un beau portrait en buste de Louis XIV et de 96 compositions, réparties sur 17 planches, gravées par *Chauveau, Israël Silvestre*, etc.

Exemplaire du PREMIER TIRAGE; mouillure dans la marge supérieure du volume.

531. **Danckerts** (Cornelis). De Voornaamste Bybelsche historien des oude [-nieuven] Testaments. Cierlyck in't koper gemaackt. *Amsterdam, Justas Danckerts, s. d.;* pet. in-4 obl., demi-rel. veau fauve. 30 fr.

Ce volume renferme 100 sujets de l'ancien Testament et 55 du nouveau, gravés sur cuivre par *Cornelis Danckerts*, né à Amsterdam en 1561.

532. **David**. NOUVELLE TRADUCTION DU LIVRE DES PSEAUMES, selon la vulgate et les différents textes, avec des nottes littérales et grammaticales (par Nicolas de Mélicque). *Paris, L. Guérin,* 1705; in-8, front., mar. vert, dos orné, fil., tr. dor. (*Rel. anc.*). 800 fr.

Exemplaire aux armes et au chiffre de Madame de CHAMILLART.

533. **Davila**. Historia del guerre civila di Francia. *In Parigi, nella stamperia reale,* 1644; 2 parties en un vol. in-fol., mar. rouge, dos orné, fil. à la Duseuil, tr. dor. (*Rel. anc.*). 50 f.

Superbe exemplaire en GRAND PAPIER de cette édition fort belle et recherchée. Fleurons sur les titres.

534. **Daviler**. Cours d'Architecture qui comprend les ordres de Vignole, avec des commentaires, les figures et les descriptions de ses plus beaux bâtimens et de ceux de Michel-Ange, etc., par le sieur C. A. d'Aviler, architecte. Nouvelle édition enrichie de nouvelles planches. *Paris, Jean-Mariette,* 1738; in-4, pl., mar. rouge, dos orné, fil., tr. dor. (*Rel. anc.*). 200 fr.

Ouvrage orné de plus de 100 planches de modèles de décoration des époques Louis XIV et Louis XV. Bel exemplaire.

535. **Décade philosophique** (La) littéraire et politique. *Paris, l'an* II (1793)-1802 ; 33 vol. in-8, pl., demi-rel. bas. 100 fr.

Collection très estimée s'étendant dans cet exemplaire du 10 floréal an II au 30 prairial an X.

« La Décade philosophique est le premier recueil littéraire qui sortit des orages de notre Révolution; ce fut comme la résurrection du goût et des principes en littérature, en morale et en politique. Ses principaux rédacteurs étaient Say, Amaury, Duval, Lebreton et Andrieux ». (*Hatin*, Bibliogr. de la Presse, p. 246).

536. **Decaisne** (Joseph). Le Jardin fruitier du Muséum, ou Iconographie descriptive des différentes espèces et variétés d'arbres fruitiers cultivés dans cet établissement, avec la description de leurs caractères, leur synonymie, etc. *Paris, Didot,* 1871-1872 ; 9 vol. in-4, demi-rel. dos et coins de chagrin, tête dor., *non rognés.* 300 fr.

Nombreuses planches en noir coloriées, montées sur onglets. Publié à 600 fr. Bel exemplaire.

537. **Decaisne** (Joseph). Le Jardin fruitier du Muséum ou iconographie de toutes les espèces et variétés d'arbres fruitiers cultivés dans cet établissement avec leur description, leur histoire, leur synonymie, etc. *Paris, Firmin-Didot,* 1858-1863 ; 4 vol. in-4, demi-rel. chagr. vert. 45 fr.

Tomes 1, 2, 3 et 5 (sur 9 dont se compose l'ouvrage). Planches en couleur.

538. Decloux et **Doury**. Histoire archéologique, descriptive et graphique de la Sainte-Chapelle du Palais. Rédigée, dessinée, peinte et publiée par Decloux et Doury. *Paris, impr. Félix Maltesse*, 1857 ; pet. in-fol., chagrin vert, dos orné, comp. dor. et à froid, tr. dor. 50 fr.

> Belle monographie, ornée de 25 planches, dont 20 en chromolithographie.

539. De Fer. L'Atlas curieux ou le Monde. Dressé et dédié à nos seigneurs les Enfans de France. *Paris, chez de Fer*, 1705 ; in-4 oblong, veau. 30 fr.

> Tome 2ᵉ seul, renfermant 200 planches gravées sur cuivre. On y trouve les plans de Londres, de Vienne, de Rome, de Constantinople, d'Amsterdam, etc., dessinés au début du XVIIIᵉ siècle.

540. De Fer. Les Beautés de la France par N. De Fer, géographe. *Paris, Danet*, 1724 ; gr. in-4 oblong, veau. 40 fr.

> Recueil incomplet comprenant seulement dans ce volume : une carte des Environs et 8 plans de Paris à diverses époques, 10 vues de l'hôtel des Invalides, 10 autres vues ou plans de monuments de Paris, 20 plans ou vues des résidences princières des Environs (plan du bois de Boulogne, de Meudon, etc.), et 9 planches relatives à la Province. Ens. 66 planches sur cuivre.

541. Demay (G.). Le Costume au Moyen-Age d'après les sceaux. *Paris, Dumoulin*, 1880 ; gr. in-8, fig., demi-rel. chagr. rouge, tête dor., *non rogné*. 16 fr.

542. Dentelles. Livres à dentelles et dessins d'ornements reproduits et publiés par Armand-Durand sous la direction d'E. Bocher ; in-4 *en feuilles*, dans un carton. 20 fr.

> Recueil de 40 planches contenant 140 sujets d'ornement.

543. Description des fêtes données par la ville de Paris à l'occasion du mariage de Madame Louise-Elisabeth de France et de Dom Philippe, Infant et grand amiral d'Espagne, les vingt-neuvième et trentième août mil sept cent trente-neuf. *Paris, de l'impr. de P.-G. Le Mercier*, 1740 ; gr. in-fol., fig., veau marbr., dos orné, tr. dor. (*Rel. anc.*). 100 fr.

> Sur le titre une très belle vignette représentant les armes de la ville de Paris, soutenues par des amours, dessinée par *Bouchardon*, gravée par *Soubeyran*, 13 pl. dont 8 doubles, dessinées et gravées par *Blondel*, 22 pp. de texte, avec une jolie vignette dessinée et gravée par *Rigaud*.
> Exemplaire aux armes de la VILLE DE PARIS.

544. Description générale de l'hostel royal des Invalides établi par Louis le Grand dans la plaine de Grenelle près Paris, avec plans, profils et élévation de ses faces, coupes et appartemens. (Par Le Jeune de Boullencourt). *Paris, l'auteur*, 1683 ; in-fol., front. et pl., veau marbr., dos orné (*Rel. anc.*). 50 fr.

> Cet ouvrage orné de belles planches de *J. Marot*, a été aussi attribué à de la Porte, commissaire des Invalides. — Bel exemplaire.

545. Decrizione delle feste celebrate in Parma l'anno 1769 per le auguste nozze di sua altezza reale l'Infante don Ferdinando colla reale archiduchessa Maria Amalia. *In Parma, nella Stamperia reale*, 1769 ; in-fol., cart. 60 fr.

> Cet ouvrage, l'un des plus beaux qui aient paru dans ce genre, renferme 1 frontispice, 35 grandes planches principalement de costumes de tournoi, et plusieurs vignettes dessinées par *Petitot* et gravées par *Volpato, Ravenet, Bossi* et autres.
> Textes italien et français.

546. Desjardin (Abel). La Vie et l'Œuvre de Jean Bologne, par Abel Desjardins, doyen de la faculté des lettres de Douai. *Paris, Quantin*, s. d. ; in-fol., cart. 45 fr.

> Le nom de Jean Bologne est justement célèbre : mais son œuvre est peu connue. D'habiles réductions ont assuré une sorte de popularité à la statue du Mercure volant et au groupe de l'enlèvement de la Sabine : le reste de l'œuvre du grand sculpteur est à peu près ignoré en France.
> Bel exemplaire sur PAPIER VÉLIN, orné de 22 eaux-fortes et d'un grand nombre de gravures insérées dans le texte. Ouvrage publié à 100 francs.

547. Des Portes (Philippe). Les premières Œuvres de Philippe Des Portes, reveuës, corrigées et augmentées en ceste dernière impression. *A Paris, par Mamert Patisson*, 1579 ; in-4, mar. bleu jans., tr. dor. (*Hardy*). 120 fr.

> Bel exemplaire très grand de marges.

548. Dessin (Le). Revue de l'Art et de l'enseignement. 3 années. *Paris, Bernard*, 1884-1886 ; in-4, en cartons. 40 fr.

> Chaque année contient 48 reproductions

en phototypie avec plus de 200 pp. de texte, orné de vignettes, grandes lettres, etc. Publié à 120 francs.

549. **Dictionnaire** classique de Géographie ancienne, pour l'intelligence des Auteurs anciens, servant d'introduction à celui de la Géographie moderne de Laurent Echard. *Paris, Lacombe,* 1768 ; in-8, mar. rouge, dos orné, fil., tr. dor. 80 fr.

Bel exemplaire aux armes du Roi LOUIS XV.

550. **Douze** (Les) Dames de Rhétorique, publiées pour la première fois, d'après les manuscrits de la Bibliothèque royale, avec une introduction par Louis Batissier. *Paris, Desrosiers,* 1838 ; gr. in-4, fig., mar. bleu, dos orné, fil., milieux, tr. dor. 35 fr.

Cet ouvrage poétique du XV⁰ siècle est dû à la collaboration de quatre écrivains dont les deux principaux furent Georges Chastellain et Jean Robertet.
Jolies figures de *Schaal,* tirées sur Chine, avec texte encadré.

551. **Du Choul** (Guill.). Discours sur la castramatation et discipline militaire des Romains ; des bains et antiques exercitations grecques et romaines ; de la religion des anciens Romains. *Wesel, André de Hoogenhuyse,* 1672; in-4, vélin. 15 fr.

Ouvrage curieux contenant de nombreuses figures gravées sur cuivre. — Raccomodage au dernier feuillet.

552. **Du Choul** (Guill.). La Religion des anciens Romains tirée des plus plus pures sources de l'antiquité avec un discours sur la castramatation et discipline militaire des romains. *Dusseldorff,* 1731 ; in-4, veau marbr. 15 fr.

Figures en taille-douce reproduisant pour la plupart d'anciennes médailles.

553. **Dupont-Auberville**. L'Ornement des Tissus, recueil historique et pratique, avec des notes explicatives, et une introduction générale. *Paris, Ducher,* 1877 ; gr. in-4, demi-rel. chagrin rouge, tête dor., *non rogné.* 70 fr.

100 planches en couleurs, montée sur onglets.

554. **Dürer** (Albert). Œuvre de Albert Durer. Texte par G. Dupiessis. *Paris, s. d. ;* in-fol., demi-rel. dos et coins de mar. rouge, tête dor., *non rogné.* 200 fr.

108 planches montées sur onglets.

555. **Eckhel** (abbé). Choix des pierres gravées du cabinet impérial des antiques représentées en XL planches. *A Vienne en Autriche, de Kurzbek,* 1788 ; pet. in-fol., veau. 30 fr.

Exemplaire en GRAND PAPIER. Superbes épreuves.

556. **Enrich** (S.-G.). Historia de las Alfonsos de Castilla y de Aragon y de los sucesor que han facelitado la legitima proclamacion de D. Alfonso XII. *Barcelona, s. d. ;* 2 vol. in-fol. mar. rouge, dos orné, fil., tr. dor. 80 fr.

Très bel ouvrage avec lithographies représentant la dynastie des Alphonse d'Aragon. Magnifique exemplaire aux armes de la reine MARIE-CHRISTINE DE BOURBON.

557. **Espion** (L') dans les Cours des princes chrétiens, ou lettres et mémoires d'un envoyé secret de la Porte dans les Cours de l'Europe. (Par Jean-Paul Marana). *Cologne, Erasme Kinkius,* 1710 ; 6 vol. in-12, veau. 12 fr.

Figures gravées sur cuivre. Voyez sur cet ouvrage Barbier, Ouvrages anonymes, II, 176.

558. **Estienne** (Robert). Lexicographorum principis Thesaurus linguæ latinæ in IV tomus divisus, cui post novissimam fondinensem editionem complurium eruditorum virorum collectis curis insigniter auctam, accesserunt nunc primum Henrici Stephani. *Basilæ,* 1740 ; 4 vol. in-fol., veau marbr. 45 fr.

Bel exemplaire.

559. **Exposition** (L') universelle de 1867. Rédigée par Ducuing. *Paris,* 1867 ; 2 tomes en un vol. in-fol., demi-rel. chagr. Lavallière. 8 fr.

Très belles illustrations dans le texte, dessinées par les meilleurs artistes.

560. **Extravagances** d'une (Plume) dédiées aux amateurs de l'Opéra par J. Norweb. *Rotterdam, Nijgh, s. d. ;* pet. in-fol., br. 6 fr.

12 planches parodiant d'une façon comique les paroles des opéras célèbres.

561. **Faits** mémorables des empereurs de la Chine, tirés des annales chinoises. *Paris, chez l'auteur,* 1788 ; gr. in-4, demi-rel. veau rouge. 30 fr.

Ouvrage renfermant 24 belles planches avec texte en regard, le tout gravé par *Helman.*

562. Febvre et **Johnson**. Album de la Comédie française. *Paris, Paul Ollendorff*, 1880 ; pet. in-fol., br.   15 fr.

Texte encadré d'un filet rouge. Lettre dédicace au prince de Galles par Alexandre Dumas fils. — Frontispice par *Sarah Bernhardt* et 23 portraits à l'eau-forte par *Abot*.

563. Fénelon. Les Aventures de Télémaque. (*Paris*), *de l'impr. de Monsieur* (*Didot*), 1785 ; 2 vol. in-4, mar. rouge, dos orné, fil., tabis, tr. dor. (*Rel. anc.*).   400 fr.

Bel exemplaire, dans une bonne reliure ancienne, de cette édition renfermant 72 jolies figures de *Monnet*, gravées par *Tilard*, et 24 planches au burin donnant le sommaire des chapitres.

564. Fête publique donnée par la ville de Paris à l'occasion du Mariage de Monseigneur le Dauphin, le 13 février 1747. *Paris*, 1747 ; in-fol., veau marbré, dos orné, tr. dor. (*Rel. anc.*).   180 fr.

Très bel ouvrage entièrement gravé, exécuté à l'occasion du second mariage de Louis de France avec Marie-Josèphe de Saxe. Il est ornementé d'encadrements à toutes les pages, d'un frontispice avec portrait du Dauphin, et de 47 planches doubles représentant les chars et le feu d'artifice.
Bel exemplaire aux armes de la VILLE DE PARIS.

565. Feuillet (Octave). Julia de Trécœur. Illustrations de Henriot gravées par Clapès. *Paris, Calman-Lévy*, 1885 ; pet. in-8, demi-rel. mar. dos et coins de orange, dos orné, tête dor., couv., *non rogné*.   200 fr.

Un des 225 exemplaires sur PAPIER VÉLIN DU MARAIS, avec les figures en trois états, dont l'eau-forte pure (n° 32).

566. Fialetti. De gli habite delle religioni con le armi, e breve descrittion loro, opera di Odoardo Fialetti. *Venetia*, 1626 ; 3 part. en un vol. in-4, mar. rouge, tr. dor. 70 fr.

Très rare ouvrage orné de 74 figures gravées à l'eau-forte représentant les costumes des ordres religieux du XVII° siècle.

567. Finden's tableaux : the iris of prose, poetry, and art, for 1841. Illustrated with engravings by W. and E. Finden, from paintings by F. P. Stephanoff and H. Corbould. Edited by Mary Russel Mitford. *London, Black and Armstrong* (1841); gr. in-4, cart. toile.   15 fr.

12 figures sur acier.

568. Fisher's drawing room scarpbook with poetical illustrations by L. E. L. 1833. *London, Fisher and Jackson*, 1833-1846 ; 2 vol. pet. in-4, cart. toile, tr. dor.   20 fr.

72 jolies gravures sur acier.

569. Fourneau (Nicolas). L'art du trait de Charpentier. *Rouen, Dumesnil*, 1767-1770; 3 part. en 1 vol. in-fol., demi-rel. veau fauve. 30 fr.

95 planches gravées sur cuivre et montées sur feuillets.

570. Fritach (Adam). L'Architecture militaire ou la fortification nouvelle. *Paris, Toussainct Quinet*, 1640 ; in-fol., veau.   20 fr.

Planches sur cuivre. — Taches.

571. Fulgose. Contramours. L'Anteros, ou contramour, de messire Baptiste Fulgose, jadis duc de Gennes. Le dialogue de Baptiste Platine, gentilhomme de Crémonne, contre les folles amours. Paradoxe contre l'amour. (Traduit par Thomas Sibilet). *Paris, Martin le jeune*, 1581 ; pet. in-4, mar. Lavallière jans., tr. dor. (*David*). 60 fr.

Rare et curieux volume. Le Paradoxe contre l'amour est de la composition du traducteur.

572. Galerie (La) électorale de Dusseldorff, ou catalogue raisonné et figuré de ses tableaux, dans lequel on donne une connaissance exacte de cette fameuse collection par une suite de 30 planches contenant 365 petites estampes gravées par Chrétien de Mechel. Ouvrage composé dans un goût nouveau par Nicolas de Pigage. *Basle, Chrétien de Mechel*, 1778 ; pet. in-fol. oblong, veau, dos orné, fil. (*Rel. anc.*).   60 fr.

PREMIER TIRAGE de cet ouvrage reproduisant la galerie de Dusseldorff détruite depuis dans un incendie.

573. Garcilasso de la Vega (el Ynca). Historia general del Peru, trata, el descubrimiento de el, y como lo ganaron, los Españoles : Las guerras civiles que huvo entre Pizarros y Almagros sobre la partija de la tierra. Castigo, y levantamiento de tyranos y ostros sucesos particulares que en la historia se contienen. *En Madrid, en la* *oficina real*, 1723-1723 ; 2 vol. in-fol., bas.   40 fr.

Le second volume traite de l'origine des Incas, de leur idolâtrie, lois et gouvernement.

574. Gavarni. Masques et Visages. Notice par C.-A. Sainte-Beuve. *Paris, Calmann Lévy, s. d.;* in-fol., cart.   12 fr.

Les fines et spirituelles légendes qui accompagnent les 72 planches de ce recueil peuvent compter parmi les meilleures du célèbre humoriste.

575. Gavarni. Masques et Visages. *Paris, Libr. du Figaro,* 1868 ; gr. in-8, percal. rouge, tr. dor. 5 fr.

Portrait de l'auteur en taille-douce, et vignettes dans le texte gravées sur bois.

576. Gavarni. Œuvres choisies de Gavarni. 520 dessins avec leurs légendes. *Paris, Bureau du Figaro,* 1864 ; in-fol., br., couv.   15 fr.

Edition spéciale, comprenant les En-fants terribles, Traduction en langue vul-gaire, les Lorettes, les Actrices, Four-beries des Femmes, Clichy, Paris le soir, le Carnaval à Paris, Paris le matin, les Etudiants de Paris, la Vie de Jeune Homme, les Débardeurs, les Gens de Paris.

577. Gessner. Suite complète de 1 portrait, 3 titres gravées et 72 planches par Le Barbier, gravés par Baquoy, Dambrun, Delignon, Gaucher, Halbou, pour illustrer les Œuvres. En 1 vol. in-4, demi-rel. dos et coins de mar. bleu, tête dor., *non rogné.*   200 fr.

Cette suite est incomplète d'une planche et 8 sont plus courtes.

578. Giostra corsa in Torino addi XXI di febraio 1839, nel passagio di sua altezza imperiale e reale Alessandro, gran-duca, principe imperiale di Russia. *Torino, tip. Chirio e Mina,* 1839 ; in-fol., mar. bleu, dos orné, dent. dor. et à froid, tr. dor.   45 fr.

7 planches représentant le tournoi. Bel exemplaire aux armes et au chiffre du roi CHARLES-ALBERT de Savoie.

579. Giraud (J.-B.). Recueil descriptif et raisonné des principaux objets d'Art ayant figuré à l'Exposition rétrospective de Lyon en 1877. *Lyon, l'auteur,* 1878 ; in-fol., *en feuilles* dans un carton. 80 fr.

83 planches en héliogravures de Dujardin reproduisant les œuvres d'art et principalement les meubles anciens exposés.

580. Giustinian (Bernardo). His-torie chronologiche dell' origine degl' ordini militari e di tutte le religione caralleresche infino ad hora instituite nel mondo. *In Venezia, presso Combi et La Nou,* 1692 ; 2 vol. in-fol., vélin.   35 fr.

Frontispice, et figures des costumes et des insignes des anciens ordres de chevalerie.

581. Godefroy. Le Cérémonial françois, contenant les Cérémonies observées en France aux sacres et couronnemens de roys et reynes, et de quelques anciens ducs de Normandie, d'Aquitaine et de Bretagne, etc. *Paris, S. Cramoisy,* 1649 ; 2 vol. in-fol., veau.   45 fr.

Exemplaire en GRAND PAPIER. Reliure fatiguée, aux armes de LE CLERC DE LES-SEVILLE, conseiller au parlement de Paris.

582. Gomberville. La Doctrine des mœurs, tirée de la philosophie des stoïques représentée en cent tableaux et expliquée en cent discours pour l'instruction de la jeunesse. *Paris, Pierre Daret,* 1646 ; in-fol., demi-veau. (*Rel. anc.*). 35 fr.

Très bonnes épreuves.

583. Gonse. L'Art ancien à l'Eposition de 1878, 1 vol. — L'Art moderne à l'Exposition de 1878, 1 vol. *Paris, Quantin,* 1879. Ens. 2 vol. in-4, fig., br.   22 fr.

584. Gouffé (Jules). Le Livre de Cuisine, comprenant la cuisine de ménage et la grande cuisine. *Paris, Hachette,* 1867 ; gr. in-8, br. 18 fr.

25 planches en chromolithographie et 161 vignettes sur bois par *Ronjat.*

585. Gourdault (Jules). L'Italie. *Paris, Hachette,* 1877 ; pet. in-fol., demi-rel. mar. rouge, plats toile gaufrée, tr. dor.   25 fr.

Magnifique publication illustrée de 450 figures sur bois.

586. Gourdault. La Suisse. Études à travers les 22 Cantons. *Paris, Hachette,* 1879 ; 2 vol. in-fol., *bro-chés.*   40 fr.

Bel ouvrage, illustré de nombreuses gra-vures sur bois, publié à 100 francs.

587. Grandville (J.-J.). Les Etoiles. Dernière féerie par J.-J. Grand-ville, texte par Méry. Astronomie des Dames, par le Cte Fœlix. *Paris, G. de Gonet, s. d.* (1849); 2

tomes en un vol. in-8, demi-rel. chagrin bleu. 20 fr.

Très joli volume illustré d'un Frontispice sur bois et de 14 belles planches gravées sur acier par *Geoffroy* et coloriées avec une extrème finesse. PREMIER TIRAGE.

588. Grégoire. Géographie générale, physique, politique et économique. Nouvelle édition, revue et corrigée. *Paris, Garnier, s. d.,* gr. in-8, demi-rel. chagr. vert, plats toile, tr. dor. 12 fr.

100 cartes, nombreuses gravures intercalées dans le texte et gravures sur acier hors texte.

589. Grévin (A.). L'Esprit des Femmes, avec préface par Pierre Véron. *Paris, Dusacq, s. d.;* in-4, cart. toile, tr. dor. 10 fr.

40 compositions d'*A. Grévin.*

590. Grévin (A.). Les Filles d'Ève. Album in-4 oblong, cart. toile. 12 fr.

21 planches humoristiques coloriées.

591. Grandville et **Kaulbach**. Album des Bêtes à l'usage des gens d'esprit, texte par Aurélien Scholl et Charles Joliet. *Paris,* 1864 ; in-fol., fig., cart. 12 fr.

Gravures sur bois.

592. Grote (G.). Histoire de la Grèce depuis les temps les plus reculés jusqu'à la fin de la génération contemporaine d'Alexandre le Grand. Traduit de l'anglais par A. L. de Sadous. *Paris, Lacroix,* 1864-1867 ; 19 vol. in-8, demi-rel. chagr. brun. 65 fr.

Cartes et plans.

593. Guasco (l'abbé de). De l'Usage des Statues chez les anciens. *Bruxelles, Boubers,* 1768 ; in-4, veau marbr. 5 fr.

Planches gravées sur cuivre.

594. Guer. Mœurs et usages des Turcs, leur religion, leur gouvernement civil, militaire et politique. *Paris, Mérigot,* 1747 ; 2 vol. in-4, veau marbré, dos orné, dent., tr. rouge. 35 fr.

28 figures de *Boucher* et *Hallé*, gravées par *Duflos* et 20 jolis fleurons et vignettes en-têtes, gravés en taille-douce.

595. Guéranger (Dom). Sainte Cécile et la Société romaine aux premiers siècles. *Paris, Firmin-Didot,* 1875 ; in-4, demi-rel. chagr. rouge,

plats toile, fers spéciaux, tr. dor. (*Rel. de l'Edit.*). 20 fr.

Ouvrage illustré de 2 chromolithographies, de 6 planches en taille-douce et de 250 gravures sur bois.

596. Guessard et **E. de Certain**. Le Mistère du siège d'Orléans, publié pour la première fois d'après le manuscrit conservé à la bibliothèque du Vatican. *Paris, impr. Impériale,* 1862 ; in-4, demi-rel. chagr. bleu. 9 fr.

597. Guichard (Ed.). et Er. **Chesneau**. Dessins de Décoration des principaux maîtres. Avec une étude sur l'art décoratif et des notices. *Paris, Quantin,* 1881 ; in-fol., dans un carton. 50 fr.

Très beau volume comprenant 40 planches en taille-douce et en couleur accompagnées de 40 notices et une table biographique des artistes cités. Publié à 125 francs. Etat de neuf.

598. Guiffrey (J.). Antoine Van Dyck, sa vie et son œuvre. *Paris, Quantin,* 1882 ; in-fol., pl., cart., *non rogné.* 45 fr.

599. Guigard (Joannis). Armorial du bibliophile avec illustrations dans le texte. *Paris, Bachelin-Deflorenne,* 1870-1872 ; 2 tomes en 4 livraisons gr. in-8, br. 30 fr.

PREMIÈRE EDITION.—Exemplaire tiré sur PAPIER DE HOLLANDE. Nombreuses planches de reproductions de reliures historiques ajoutées.

600. Hardiviller. Souvenirs des Highlands, voyage à la suite de Henri V en 1832. Relation, scènes, portraits, paysages et costumes. *Paris, Dentu,* 1835 ; in-4, demi-rel. veau, *non rogné.* 20 fr.

30 lithographies tirées sur Chine.

601. Hedlinger. Œuvre du chevalier Hedlinger, ou Recueil des Médailles de ce célèbre artiste, avec l'explication (par Chrétien de Mechel) *Basle,* 1776-1778 ; 2 part. en 1 vol. pet. in-fol., pl., cart., *non rogné.* 40 fr.

Ouvrage exécuté avec beaucoup de soin, contenant un titre, une dédicace, 40 planches de médailles finement gravées par *Christian de Méchel;* 34 et 64 pp. de texte. Très bel exemplaire.

602. Heures. HORE INTEMERATE BEATE MARIE VIRGINIS : Secundum usum Romanum. (A la fin :) *Ces presentes heures a lusaige de*

Romme furent achevees le viiij jour de Juing, l'an 1503 par Thielman Kerver imprimeur et libraire jure de l'universite de Paris : pour Gillet remacle, libraire demeurant sur le pont sainct Michel à l'enseigne de la Licorne ; pet. in-8 goth. de 124 ff., basane, dent., tr. dor. et ciselée (*Rel. anc.*).   1.000 fr.

Impression sur vélin.

Belles et gracieuses bordures sur bois formées de rinceaux avec grotesques, sujets de chasse, etc., sur des fonds noirs au pointillé et aussi des scènes de l'ancienne et de la nouvelle écriture. 18 grandes compositions du style le plus parfait complètent l'ensemble de l'illustration de ce livre remarquable, dont toutes les majuscules et fins de ligne ont été rubriquées en couleur.

603. **Heures**. CES PRESENTES HEURES A LUSAIGE DE ROUAN au long sans requerir ; avec les miracles nostre dame et les figures de lapocalipse et de la bible et des triumphes de Cesar et plusieurs aultres hystoires faictes a lantique. *Ont este imprimees pour Symon Vostre, libraire ; demourant a Paris.* (Almanach de 1508 à 1528) ; pet. in-8 goth. de 88 ff., mar. brun, ornements, fers à froid, doublé de mar. rouge, dent., tr. dor. (*Masson-Debonnelle*).   1.500 fr.

Bel exemplaire, imprimé sur papier, de la superbe édition des Grandes Heures de Simon Vostre.

Elle est ornée de 25 grandes planches. Sur le côté et au bas des pages, des bordures variées et d'une grande richesse d'ornements représentent des figures de saints, de saintes et les histoires de l'Ancien Testament. La Danse des morts se compose de 66 sujets.

604. **Heures**. LES PRESENTES HEURES A L'USAIGE DE METZ toutes au long sans requerir : avec les figures et signes de lapocalipse : la vie du sainct homme tobie et de la bonne dame judic, les accidens de l'homme, le triumphe de Cesar, les miracles de N^re dame : *Ont esté faictes a Paris pour Symon vostre libraire ; demourant a la rue neufve : pres la grant esglise,* s. d. (almanach de 1513 à 1530) ; pet. in-4 de 104 ff., mar. Lavallière, dos orné, comp. à froid, tr. dor. (*Trautz-Bauzonnet*).   1.200 fr.

Ce très beau et très rare livre d'heures messin, imprimé sur papier, peut être considéré comme l'une des plus belles pro-

ductions sorties de l'officine de Simon Vostre. Son ornementation des plus remarquables, consiste en 14 grandes planches gravées sur bois, en 7 moyennes, en un certain nombre de petites, et surtout en magnifiques bordures imprimées à toutes les pages représentant les principales scènes de l'ancien et du nouveau Testament, une curieuse Danse de Morts, et divers sujets de la vie rustique. Les quinze derniers feuillets sont entièrement consacrés à diverses oraisons rédigées en langue française.

Très bel exemplaire dans une belle reliure romantique de Trautz.

605. **Histoire** abrégée des provinces-unies des Païs-Bas, où l'on voit leurs progrès, leurs conquêtes, leur gouvernement et celui de leurs compagnies en Orient et en Occident. Comme aussi les hommes illustres dans les armes et les savans dans les lettres. *Amsterdam, J. Malherbe,* 1701 ; pet. in-fol., veau.   25 fr.

Cartes et nombreuses planches de médailles gravées sur cuivre.

606. **Histoire** générale des Turcs, contenant l'histoire de Chalcondyle, traduite par Blaise de Vigenaire, et continuée jusques en l'an 1612 par Thomas Artus ; et en cette édition par le sieur de Mezeray, jusques en l'année 1661. De plus l'histoire du sérail par le sieur Baudier. *Paris, Aug. Courbé,* 1662 ; 2 vol. in-fol., veau granit.   60 fr.

Frontispice, portraits des Empereurs et costumes d'hommes et de femmes turcs de toutes conditions. La figure du calender, pl. 22 (tome II) est intacte.

Exemplaire aux armes de BOYER DE CRÉMILLES.

607. **Holbein**. Imagines mortis, his accesserunt, Epigrammata e gallico idiomate a Georgio Æmilio in latinum traslata. *Coloniæ, apud hæredes Arnoldi Birckmanni,* 1555 ; in-16, veau fauve, dos orné, comp. de fil. peints et dor., tr. ciselée et dor. (*Rel. anc.*).   120 fr.

53 jolies figures sur bois exécutées d'après celles d'*Holbein* de l'édition de 1547.

608. **Hozier** (Ch.). Indicateur nobiliaire ou traité alphabétique des noms de famille nobles susceptibles d'être enregistrées dans l'armorial général de feu M. d'Hozier. *Paris,* 1818 ; in-8, demi-rel. mar. vert, dos orné, *non rogné.*   15 fr.

609. **Hozier** (Charles d'). Indicateur du grand Armorial général de

France. Recueil officiel dressé en vertu de l'édit de 1696 ; ou table alphabétique de tous noms des personnes, villes, communautés et corporations dont les armoiries ont été portées, peintes et blasonnées aux registres de l'Armorial général de France. Publié sous la diaection de M. Louis Paris. *Paris, Bachelin-Deflorenne*, 1865 ; 2 vol. in-8, demi-rel. chagr. brun.   25 fr.

610. Hulsius (Levinus). XII Primorum Cæsarum et LXIIII ipsorum uxorum et parentum ex antiquis munismatibus, in ære incisæ, effigies atq. eorundem earundemq. vitæ et res gestæ, ex variis. *Spiræ, typ. Bernardi Albini*, 1599 ; in-4, vélin.   25 fr.

Médailles antiques entourées par de très élégantes compositions gravées sur cuivre.

611. Imhoff (Jacobus Wilhelmis). Notitia sacri Romani Germanici imperii procerum tam ecclesiasticorum quam secularium historico-heraldico genealogica ad hodiernum imperii statum, et in supplementum operis genealogici rittershusiani initio adornata. *Tubingæ, J.-G. Cottæ*, 1732-1734 ; 2 vol. in-fol., veau brun.   30 fr.

Frontispice, portrait et 19 planches d'armoiries.
Légère différence dans la reliure.

612. Italy classical, historical and picturesque illustrated in a series of wiews by the leading landscape. *Glasgow, s. d.* ; gr. in-4, demi-rel. dos et coins veau rouge, dos orné.   25 fr.

Nombreuses gravures sur acier.

613. Joinville (Jehan. sire de). Histoire de Saint Louis. Les Annales de son règne par Guill. de Nangis, sa vie et ses œuvres par le confesseur de la reine Marguerite. *Paris, impr. royale*, 1671 ; in-fol., veau.   25 fr.

Belle édition publiée par Mellot, Salier et Capperonnier. Elle est illustrée d'en-têtes et de fleurons gravés par *Gravelot*.

614. Jousse (Mathurin). L'Art de charpenterie corrigé et augmenté de ce qu'il y a de plus curieux dans cet art par M. de La Hire. *Paris, Jombert*, 1751 ; in-fol., pl., veau marbré.   30 fr.

Troisième édition corrigée et augmentée par de La Hire.

615. Jurisprudentia heroïca, sive de jure Belgarum circa nobilitatem et insigna (authore J.-B. Christyn). *Bruxellis, Vivien*, 1668 ; 2 part. en un vol. in-fol., veau brun. 40 fr.

Ouvrage fort recherché. Il est ainsi composé : 8 ff. liminaires, 586 pp. chiffrées, 15 ff. d'index et d'errata ; dans la 2e part., 2 ff. lim., 174 pp. et 4 ff. de tables.
Les cartes généalogiques des familles de Belgique sont au nombre de 14.

616. Jurisprudentia heroica sive de jure Belgarum circa nobilitatem et insignia demonstrato in commentario ad edictum seren. Belgii principum Alberti et Isabellæ. (Auctore P. Christinæo). *Bruxellis, Vivien*, 1668 ; in-fol., veau. 20 fr.

PREMIÈRE ÉDITION de la première partie de cet ouvrage fort rare et recherché, illustré d'un très grand nombre d'armoiries et de 16 tableaux généalogiques (les 2 derniers manquent) finement gravés sur cuivre.

617. Jurisprudentia heroica sive de jure Belgarum circa nobilitatem et insignia demonstrato in commentario ad edictum seren Belgii principum Alberti et Isabellæ. (Auctore P. Christinæo). *Bruxellis, Fr. Foppens*, 1689 ; 2 parties en 2 vol. in-fol., veau fauve *(Rel. anc.)*.   40 fr.

Ouvrage fort rare illustré d'un grand nombre d'armoiries et de tableaux généalogiques gravés sur cuivre.

618. Juvénal des Ursins (Jean). Histoire de Charles VI, roy de France, et des choses mémorables advenues de son règne, dès l'an 1380 jusques en l'an 1422. Mise en lumière par Théodore Godefroy. *Paris, Abraham Pacard*, 1614 ; in-4, veau.   20 fr.

EDITION ORIGINALE.

619. Karr (Alphonse). Voyage autour de mon Jardin, par M. Alphonse Karr. Illustré par MM. Freeman, L. Marvy, Steinhel, Meissonier, Gavarni, Daubigny et Catenacci. *Paris, L. Curmer et V. Lecou*, 1851 ; gr. in-8, cart. toile, fers de l'éditeur, tr. dor. 45 fr.

Ouvrage illustré d'environ 150 vignettes sur bois et de planches coloriées avec leurs papiers de soie.
Bel exemplaire de PREMIER TIRAGE.

620. Kircheri (Athanasii) China monumenti quà sacris quà profanis illustrata. *Amstelodami, J. Jansonnius,* 1667 ; in-fol., pl., cart., *non rogné.* 20 fr.

Frontispice et nombreuses planches gravées.

621. **Krell** (P.-F.). Les Classiques de la Peinture. Renaissance italienne (1420-1540). Collection des œuvres les plus célèbres des maîtres italiens avec texte explicatif. Traduit sur l'original allemand, par G. Dubray. Impression photographique de M. Rommel à Stuttgart. *Paris, F. Vieweg, s. d. ;* in-fol., pl., demi-rel. dos et coins de chagr. bleu, dos orné, tête dor., *non rogné.* 45 fr.

68 planches reproduisant les meilleures œuvres des grands maîtres.

622. **La Barre de Beaumarchais.** Le Temple des Muses, orné de LX tableaux où sont représentés les événements les plus remarquables de l'antiquité fabuleuse, dessinés et gravés par B. Picart, le Romain ; et accompagnés de descriptions et de remarques. *Amsterdam, Zacharie Chatelain,* 1733 ; in-fol., pl., mar. rouge, dos orné, fil., tr. dor. (*Rel. anc.*). 75 fr.

623. **Labarte** (Jules). Inventaire du mobilier de Charles V, roi de France. *Paris, impr. Nationale,* 1879 ; in-4, cart., *non rogné.* 10 fr.

4 planches dont 2 en chromolithographie. De la collection des documents inédits sur l'histoire de France.

624. **Labédollière** (Émile de). Le Nouveau Paris, histoire de ses 20 arrondissements. — Histoire des environs du nouveau Paris. *Paris, Barba, s. d.* (1860) ; gr. in-8, demi-rel. dos et coins de mar. olive, dos orné, tête dor., éb. (*Petit*). 30 fr.

Illustrations de *Gustave Doré.*

625. **Laborde** (Comte Alex. de). Les Monuments de la France, classés chronologiquement, et considérés sous le rapport des faits historiques et de l'étude des arts. *Paris, de l'impr. de P. Didot l'aîné,* 1816-1836 ; 2 vol. gr. in-fol., pl., demi-rel. chagr. vert, plats toile, *non rognés.* 180 fr.

250 planches.

626. **Laborde** (Alexandre de). Voyage pittoresque en Autriche. *Paris,* *Didot,* 1821 ; 2 vol. in-fol., fig., demi-rel. *non rognés.* 70 fr.

Très belles planches.

627. **Laborde** (Alex. de). Voyage pittoresque et historique de l'Espagne. *Paris (Girard), Imp. de P. Didot,* 1807-1820 ; 4 vol. gr. in-fol., demi-rel. dos et coins de mar. rouge, *non rognés.* 150 fr.

Très bel exemplaire sur PAPIER VÉLIN, contenant environ 280 planches. Publié à 1,700 fr.

628. **Labyrinte de Versailles.** *Suivant la copie de Paris, La Haye, Rutgert Alberts,* 1724 ; pet. in-4 oblong, mar. Lavallière jans., éb. (*Allô*). 70 fr.

Édition ornée de 40 planches inspirées de celles de *Sébastien Le Clerc* et accompagnées des fables de Benserade.
Bel exemplaire, très grand de marges, aux armes du baron MARESCOT.

629. **Lachau** (l'abbé de) et **Le Blond.** Description des principales pierres gravées du cabinet de S. A. S. Mgr le duc d'Orléans, premier prince du sang. *Paris,* 1786 ; 2 vol. in-fol., cart., *non rognés.* 100 fr.

Superbe frontispice par *Cochin*, gravé par *Saint-Aubin*, renfermant le portrait du duc d'Orléans : 1 fleuron, le même pour les 2 titres par *SaintAubin ;* 2 très jolies vignettes en tête du 1ᵉʳ volume et du 2ᵉ dessinées et gravées par *Saint-Aubin ;* 178 pierres gravées par Sᵗ-Aubin, quoique non signées, et 54 culs-de-lampe, la plupart d'une grande beauté (46 dans le 1ᵉʳ et 10 dans le 2ᵉ), tous dessinés et gravés par *Saint-Aubin*, à l'exception du dernier du 1ᵉʳ volume, gravé par Mᵐᵉ *E. de Sabran.*

630. **La Chau** (l'abbé de). Dissertation sur les attributs de Vénus. *Paris, Impr. Prault,* 1776 ; in-4, veau fauve, dos orné, fil., tr. dor. (*Rel. anc.*). 80 fr.

Exemplaire illustré d'une belle gravure, AVANT la coquille et AVANT la bordure de Vénus Anadyomène, d'après *Titien*, gravée par *Aug. de Saint-Aubin*, d'un fleuron sur le titre, d'un en-tête, de 13 vignettes dans le texte, d'une planche de 8 médailles antiques et d'un cul-de-lampe.

631. **La Chenaye-Desbois** et **Badier.** Dictionnaire de la Noblesse, contenant les généalogies, l'histoire et la chronologie des familles nobles de la France, l'explication de leurs armes et de l'état des grandes terres du royaume, etc. Troisième édition entièrement refondue, réimprimée conformément au texte des auteurs.

Paris, Schlesinger, 1863-1876 ; 19 vol. in-4 en 39 fascic. brochés. 275 fr. Rare.

632. **Lacroix** (Paul). Les Arts au Moyen âge et à l'époque de la Renaissance. Deuxième édition, revue. *Paris, Firmin Didot,* 1869 ; in-4, demi-rel. dos et coins de veau fauve, tête dor., *non rogné.* 22 fr.

19 planches chromolithographiques et 400 gravures sur bois.

633. **Lacroix** (Paul). Vie militaire ; — Sciences et lettres ; — Mœurs, usages et costumes ; — et les Arts au Moyen-Age et à l'époque de la Renaissance. *Paris, Firmin-Didot,* 1876-1880 ; 4 vol. in-4, demi-rel. mar. rouge, plats toile, fers spéciaux, tr. dor. 80 fr.

Ouvrages illustrés de 62 chromolithophies par *Kellerhoven, Régamey, Allard, Compère, Daumont, Pralon* et *Werner ;* et de 1650 gravures sur bois.

634. **La Croix du Maine**. Bibliothèque du sieur de La Croix du Maine, qui est un catalogue général de toutes sortes d'auteurs qui ont écrit en français depuis cinq cents ans et plus jusqu'à ce jour. *Paris, Abel l'Angelier,* 1584 ; in-fol., veau marbr., fil., tr. dor. (*Rel. anc.*). 150 fr.

Bel exemplaire aux armes du duc d'Au-MONT. Très rare dans cette condition.

635. **Lafon** (Mary). Rome ancienne et moderne. *Paris, Furne,* 1852 ; gr. in-8, br. 12 fr.

Belles figures sur acier.

636. **La Fontaine** (Jean de). De la Transformation métallique, trois anciens tractez en rithme françoise à sçavoir, la fontaine des amoureux de science auth. J. de la Fontaine (de Valenciennes) ; les remonstrances de nature par J. de Meung ; le sommaire philosophique de N. Flamel. *Paris, G. Guillard et A. Warancore,* 1561 ; pet. in-8, veau fauve, dos orné, dent. 60 fr.

Édition imprimée en caractères italiques, de ces trois traités poétiques de l'hermétique. Rare.

637. **La Fontaine**. Les Amours de Psyché et de Cupidon, suivies d'Adonis, poème. *Paris, Leclère fils,* 1863 ; 2 vol. in-12, demi-rel. dos et coins de mar. citron, tête dor., *non rognés.* 45 fr.

Exemplaire tiré sur PAPIER VÉLIN con-

tenant les figures dessinées par *Moreau* et gravées par *Delvaux.*

638. **La Fontaine** Contes et nouvelles en vers, par M. de La Fontaine. *Amsterdam (Paris),* 1764 ; 2 tomes en un vol. in-8, portr. et fig., mar. bleu, dos orné, fil., tr. dor. (*Reyman*). 140 fr.

Réimpression de l'édition dite des *Fermiers généraux.*

639. **La Fontaine**. Contes et nouvelles en vers, par Jean de La Fontaine. *Paris, de l'impr. de P. Didot l'aîné, l'an III,* 1795 ; 2 vol. in-4, demi-rel. chagr. bleu, tr. marbrée. 350 fr.

Bel exemplaire avec les 20 figures de *Fragonard, Mallet* et *Touzé* en bonnes épreuves.

640. **La Fontaine**. Contes et nouvelles en vers. *Paris, impr. de P. Didot l'aîné,* 1795 ; 2 vol. in-12, mar. rouge, dos orné, dent., tr. dor. (*Lefebvre*). 75 fr.

Bel exemplaire auquel on ajouté 80 figures en taille-douce de *Desenne, Pauquet, Godefroy, Pourvoyeur* et autres.

641. **La Fontaine**. Contes et nouvelles en vers, par M. de La Fontaine. *Lyon, Scheuring,* 1874-1875 ; 2 vol. in-8, fig., mar. citron, dos orné, fil., tr. dor. (*R. Petit*). 80 fr.

Edition avec la préface de Jules Janin. Bel exemplaire numéroté, tiré sur PAPIER DE CHINE, contenant la double suite des figures d'après *Eisen* et *Fragonard,* les en-têtes et les culs-de-lampe à l'eau-forte d'après *Delorme.*

642. **La Fontaine**. Contes, avec illustrations de Fragonard. Réimpression de l'édition de Didot, 1795. Revue et augmentée d'une notice par M. Anatole de Montaiglon. *Paris, Lemonnyer,* 1883 ; 2 vol. in-4, br. 80 fr.

Très belle édition à laquelle on a ajouté de nombreuses planches, d'après *Paterne, Lancret, Eisen,* etc.

643. **La Fontaine**. Fabulas morales escogidas de Juan de La Fontaine. En verso castellana. *Madrid, impr. real,* 1787 ; 2 vol. in-4, mar. rouge, dos orné, tr. dor. (*Rel. anc.*) 20 fr.

Bel exemplaire en grand papier.

644. **La Fosse**. Cours d'Hippiatrique, ou traité complet de la médecine des chevaux. *Paris, Edme,* 1772 ; in-fol., veau marbr., dent., tr. marbr. 160 fr.

Portrait de l'auteur et 65 planches gra-

Et de Livres anciens et modernes

vées. Très bel exemplaire en GRAND PA-
PIER DE HOLLANDE.

645. La Harpe. Tangu et Félime,
poëme en IV chants. *Paris, Pissot,*
1780 ; in-8, demi-rel. dos et coins
de mar. rouge, tête dor., éb. (*Pe-
tit-Simier*).   35 fr.

    Titre gravé et 4 figures de *Marillier*,
gravés par *Halbou, Dambrun, de Ghendt*
et *Ponce.*

646. La Loubère. Du Royaume de
Siam, par M. de la Loubère, envoyé extraordinaire du Roy auprès
du roy de Siam en 1687 et 1688.
*Suivant la copie imprimée à Pa-
ris, à Amsterdam chez Abr. Wolf-
gang,* 1691 ; 2 vol. in-12, veau. 10 fr.

647. La Motraye (A. de). Voyages
en Europe, Asie et Afrique. Où
l'on trouve une grande variété de
recherches géographiques, historiques et politiques sur l'Italie, la
Grèce, la Turquie, la Tartarie,
Crimée et Nogaye, la Circassie, la
Suède, la Laponie, etc. *La Haye,
Johnson et van Duren,* 1727 ;
2 vol. in-fol., veau brun.   35 fr.

    Nombreuses planches et cartes gravées
sur cuivre. Reliure fatiguée.
    Exemplaire aux armes de Jean-Armand
DE JOYEUSE.

648. Landon. Annales du Musée
et de l'Ecole moderne des Beaux-
Arts. Recueil de gravures au trait
d'après les principaux ouvrages de
peinture, sculpture ou projets d'architecture qui chaque année ont
remporté le prix, les morceaux les
plus estimés de la galerie de peinture, etc., rédigé par le C. Landon. *Paris,* 1801-1809 ; 17 vol.
in-8, fig. — Annales du Musée.
Paysages et tableaux de genre.
Paris, 1805-1808 ; 4 vol. in-8, fig.
— Annales du Musée. Seconde
collection contenant un choix des
tableaux, statues, etc., conquis
par les armées françaises en 1805
et 1806 (y compris les Galeries
Giustiniani et Massias). *Paris,*
1810-1821 ; 6 vol. in-8, fig. — Annales du Musée. Salons de 1808,
1812, 1814, 1817, 1819, 1822 et
1824. *Paris,* 1808-1824 ; 12 vol.
in-8, fig. Ens. 39 vol. in-8, cart.,
non rognés.   75 fr.

    Bel ouvrage illustré d'un très grand
nombre de figures gravées au trait.

649. Langlès (L). Monumens an-

ciens et modernes de l'Hindoustan,
décrits sous le double rapport archéologique et pittoresque. *Paris,
Didot,* 1821 ; 2 vol. in-fol., demi-
rel. mar. vert, *non rognés.* 60 fr.

    144 planches et 3 cartes. Bel exemplaire.

650. Lanté. Costumes de divers
pays, gravés par Gatine, d'après
Lanté. *S. l. n. d.;* petit in-fol.,
pl., cart.   180 fr.

    Suite rare de 78 planches coloriées de
costumes de femmes.

651. Larmessin. Les augustes Re-
présentations de tous les Roys de
France, depuis Pharamond jusqu'à Louis XIIII dit le Grand, à
présent régnant. Avec un abrégé
historique sous chacun, contenant
leurs naissances, inclinations et
actions plus remarquables pendant
leurs règnes. *Paris, F. Bertrand,*
1679 ; gr. in-4, veau.   60 fr.

    Très belles épreuves de cette PREMIÈRE
ÉDITION contenant 73 portraits par *de
Larmessin,* dont 64 portraits de rois de
France et 9 de personnages célèbres du
XVII⁰ siècle.

652. Larrey. Histoire d'Angleterre,
d'Ecosse et d'Irlande. *Rotterdam,*
1707 ; 4 vol. in-fol., veau. 60 fr.

    Nombreux portraits.

653. La Rue (l'abbé de). Essais historiques sur les Bardes, les Jon-
gleurs et les Trouvères normands
et anglo-normands. *Caen, Mancel,*
1834 ; 3 vol. in-8, cart. toile, *non
rognés.*   18 fr.

    PAPIER VÉLIN.

654. Laurière. Ordonnances des
roys de France de la troisième race
recueillies par ordre chronologique.
Paris, impr. royale, 1723-1760 ;
11 vol. in-fol., veau.   120 fr.

655. Le Brun (Corneille). Voyage
au Levant, c'est-à-dire dans les
principaux endroits de l'Asie mi-
neure, dans les isles de Chio,
Rhodes et Chypre, etc., de même
que dans les plus considérables
villes d'Egypte, de Syrie et de la
Terre Sainte. Enrichi de plus de
200 tailles-douces, le tout dessiné
d'après nature par Corneille le
Brun. *Paris, Guillaume Cavelier,*
1714; in-fol., veau brun, dos orné.
(*Rel. anc.*).   40 fr.

    Frontispice par *du Val,* portrait gravé

par *Valck*, carte et 210 vues, dont la plus grande partie sont gravées sur planches doubles.

656. Leconte (Casimir). L'Œuvre de Fogelberg, publié par Casimir Leconte et dédié à Sa Majesté Oscar Ier, roi de Suède et de Norwège. *Paris, Hauser*, 1856 ; in-fol., demi-rel. chagr. rouge, tr. jasp. 25 fr.

> 39 planches tirées en taille-douce sur cuivre.

657. Le Féron (Jean). Catalogue des tres illustres Ducs et Connestables (Grands-Maistres, Chanceliers, Mareschaux, Admiraux) de France (et Prevosts de Paris), depuis le roy Clotaire II du nom jusques au très chrestien Roy de France et de Navarre Henri IIII. *Paris, Federic Morel*, 1598 ; in-4, veau. 20 fr.

> Cet ouvrage est divisé en 6 parties avec titre spécial pour chacune d'elles, et est illustré d'un grand nombre d'armoiries. Le titre de la 1re partie manque, ainsi que la dédicace.

658. Le Féron (Jean). Les Armoiries des connestables , grands maistres, chanceliers, admiraux, mareschaux de France et prevosts de Paris depuis leur premier établissement jusques au très chrestien roy de France et de Navarre Louis XIII. *Paris , Cl. Morel*, 1628 ; in-fol., veau, fil. 40 fr.

> Nombreux blasons.

659. Légende (La) de Sainte Ursule, princesse britannique et de ses onze mille vierges, d'après les anciens tableaux de l'église de Ste Ursule à Cologne, reproduits en chromolithographie, publiée par F. Kellerhoven, texte par J.-B. Dutron. *Paris*, 1860 ; in-4, demi-rel. dos et coins de veau fauve, dos orné, tr. rouge. 20 fr.

> 21 planches en chromolithographie. Texte encadré de jolies bordures exécutées dans le style gothique.

660. Léger (Jean). Histoire générale des Eglises évangéliques des vallées de Piémont ou Vaudoises, divisées en deux livres. *Leyde, Jean le Carpentier*, 1669 ; in-fol. , mar. rouge, dos orné, fil. 100 fr.

> Frontispice et figures gravées. Très beau portrait ajouté, remargé, carte. Piqûre de vers dans la marge latérale, n'atteignant pas le texte.

Exemplaire aux armes de L.-G. Bon, marquis de SAINT-HILAIRE, président de la Cour des Comptes de Montpellier.

661. Le Laboureur. Tableaux généalogiques ou les seize quartiers de nos rois depuis Saint Louis jusqu'à présent, des princes et princesses qui vivent et de plusieurs seigneurs ecclésiastiques de ce royaume. Avec un traité préliminaire de l'origine et de l'usage des quartiers pour les preuves de noblesse. Par le P. Menestrier. *Paris, Fr. Coustelier*, 1683 ; in-fol., veau. 50 fr.

> Nombreux blasons. Exemplaire incomplet des feuillets 15 et 16.

662. Lemaistre (Alexis). L'École des Beaux-Arts, dessinée et racontée par un élève. *Paris, Didot*, 1889 ; gr. in-8, br. 8 fr.

> Ouvrage des plus humoristiques, illustré de 60 gravures hors texte.

663. Le Muet (Pierre). Cour (*sic*) de Architecture. *Paris, impr. de Claude le Camus*, 1730 ; in-fol., veau grenat, dos orné. 40 fr.

> 1re partie : 95 pp. texte et figures gravés. — 2e partie : 31 planches (les 2 premières manquent) la plupart doubles, représentant les plans, coupes et élevations de châteaux et d'hôtels élevés par Le Muet.

664. Le Muet (Pierre). Manière de bien Bastir pour toutes sortes de personnes. Reveue, augmentée et enrichie en cette seconde édition de plusieurs figures, de beaux bastimns et édifices de l'invention et conduitte dudit sieur le Muet et autres. *Paris, Franç. Langlois dict Chartres*, 1047 ; in-fol., veau fauve 40 fr.

> Belles planches sur cuivre : Coupes, plans, élévations.
> La seconde partie a pour titre « Augmentation des nouveaux Bastimens faits en France par les ordres et dessins du sieur le Muet ». On remarque les plans des châteaux de Tanlay, de Pont en Champagne, de Chavigny, de l'hôtel d'Avaux à Paris, etc.

665. Le Nail. Le Château de Blois. (Extérieur et intérieur). Ensemble et détails. — Sculpture ornementale. Décorations peintes. — Cheminées. — Tentures. — Plafonds. — Carrelages. Texte historique et descriptif par E. Le Nail. *Paris, Ducher*, 1875 ; in-fol. *en feuilles,* dans un carton. 90 fr.

> 60 planches photographiques ou en chromolithographie. — Publié à 180 fr.

Et de Livres anciens et modernes

666. Le Roy de Sainte Croix. L'Alsace en fête sous la domination des Louis de France, ou Histoire et description des fêtes, solennités, cérémonies et réjouissances des Alsaciens sous le régime des Bourbons. *Strasbourg, Hagemann,* 1880; in-4, demi-rel. mar. rouge, dos fleurdelysé, plats toile, tr. dor. 25 fr.

Texte encadré. La fin de l'ouvrage est consacrée à la reproduction des Fêtes de Strasbourg données à Louis XV. Publié à 120 francs.

667. Le Sage. Atlas historique, généalogique et géographique. *Paris, Sourdon,* 1808 ; in-fol., demi-rel. dos et coins de chagr. Lavallière, *non rogné.* 15 fr.

Cartes coloriées, montées sur onglets.

668. Leu (Thomas de). La Naissance, la chute, la réparation et le salut de l'homme. *S. l. n. d.;* in-8 obl., br. 10 fr.

12 planches (y compris le titre) gravées sur cuivre. Tirage du XVIIIᵉ siècle.

669. Liénard. Spécimens de la décoration et de l'ornementation au XIXe siècle. *Liège, s. d. ;* in-fol., *en feuilles,* dans un carton. 40 fr.

125 planches.

670. Lièvre (Édouard). Musée impérial du Louvre. Collection Sauvageot, dessinée et gravée à l'eau-forte par Edouard Lièvre, accompagnée d'un texte historique et descriptif par A. Sauzay. *Paris, Noblet et Baudry,* 1863 ; 2 vol. in-fol., demi-rel. dos et coins de mar. vert, tête dor., *non rognés.* 130 fr.

120 planches. Bel exemplaire.

671. Livre (Le) du très chevaleureux comte d'Artois et de sa femme, fille au comte de Boulogne. *Paris,* 1837; in-4 goth., demi-rel. veau violet, tête dor., *non rogné (Vogel).* 16 fr.

Planches hors texte. — Réimpression faite à très petit nombre.

672. Longus. Daphnis et Chloé. Traduction d'Amyot, complétée par P.-L. Courier, préface par Amaury Duval. *Paris, Hetzel,* 1863 ; in-fol., percal. rouge, tr. dor. 15 fr.

43 compositions au trait par *Léopold Burthe.*

673. Lubersac (l'abbé de). Discours sur les Monumens publics de tous les peuples connus, suivi d'une description de monument projeté à la gloire de Louis XVI et de la France. *Paris, Impr. royale,* 1775 ; in-fol., veau marbré. 20 fr.

1 frontispice dessiné par *Monnet* et gravé par *Masquelier,* et 2 planches doubles représentant le monument de Louis XVI, d'après *Touzé,* gravées par *Masquelier.*
Exemplaire aux armes de FRANCE.

674. Mantz (Paul). François Boucher, Lemoyne et Natoire. *Paris, Quantin,* 1880 ; in-fol., demi-rel. dos et coins mar., tête dor., éb. 55 fr.

Portrait, planches hors texte et figures dans le texte.

675. Mantz (Paul). Hans Holbein. Dessins et gravures sous la direction d'Edouard Lièvre. In-fol., *en feuilles* dans un carton. 150 fr.

Exemplaire sur PAPIER DE CHINE avec triple suite de gravures à l'eau-forte.

676. Mario (Jessie-W.). Garibaldi et son temps. *Paris,* 1884 ; in-4, demi-rel. chagr. vert, tr. jasp. 8 fr.

Illustrations de *Ed. Matania.*

677. Masque (Le) de fer. Échos illustrés du Figaro. *Paris, bureau du Figaro,* 1878 ; in-fol., cart., tr. dor. 5 fr.

Nombreuses illustrations par *Bertall.*

678. Médecine. De dissectione partium corporis humani libri tres à Carolo Stephano, doctore Medico editi. Una cum figuris et incisionum declarationibus à Stephano Riverio chirurgico compositis. *Parisiis, apud Sim. Colinæum,* 1545; in-fol., cart. 25 fr.

Planches très curieuses gravées sur bois. Raccommodages et mouillures.

679. Ménard. Histoire civile, ecclésiastique et littéraire de la ville de Nîmes, avec des notes et les preuves ; suivie de dissertations historiques et critiques sur ses antiquités, et de diverses observations sur son histoire naturelle. *Paris, Chaubert,* 1750 ; 7 vol. in-4, veau (*Rel. anc.*). 225 fr.

Deux frontispices, plan et nombreuses figures.
Bel exemplaire de cet ouvrage important qu'on trouve rarement complet.

680. Ménard (René). L'Art en Alsace-Lorraine. *Paris, Libr. de l'Art,*

1876 ; in-4, cart. de l'éditeur, tr. dor. 18 fr.

Figures et eaux-fortes.

681. Méon. Le Roman du Renart, publié d'après les mss. de la bibliothèque du Roi des XIIIe, XIVe et XVe siècles, par M. D. M. Méon. *Paris, Treuttel et Würtz*, 1826-1835 ; 5 vol. in-8, fig., demi-rel. dos et coins de mar. brun, tête dor., *non rognés.* 150 fr.

Très bel exemplaire avec les figures de *Desenne* AVANT LA LETTRE et les EAUX-FORTES, et auquel on a ajouté le « Supplément » contenant les variantes et les corrections, publié par Chabaille.

682. Méray (Antony). Les libres Prêcheurs, devanciers de Luther et de Rabelais. Etude historique, critique et anecdotique sur les XIVe, XVe et XVIe siècles. *Paris, Claudin*, 1860 ; in-16, br. 5 fr.

Raulin, Savonarole, Ol. Maillard, Barelète, Menot, Pepin, G. de Pavilly, Legrand, Holkot, Boucher. PAPIER DE HOLLANDE.

683. Méray (Antony). La Vie au temps des Trouvères. Croyances, usages et mœurs intimes des XIe, XIIe et XIIIe siècles, d'après les lais, chroniques, dits et fabliaux. *Paris et Lyon, A. Claudin*, 1873 ; pet. in-8, demi-rel. chagr. rouge, tête dor., éb. 9 fr.

PAPIER VERGÉ.

683bis. — Le même. *Paris*, 1873 ; pet. in-8, br. 8 fr.

684. Méry. La Comédie des Animaux. Histoire naturelle en actions. *Paris, Delagrave*, 1886 ; in-8, cart. toile, fers spéciaux. 4 fr.

Illustrations dans le texte et hors texte.

685. Méry. Constantinople et la mer noire. *Paris, Belin-Leprieur*, 1855; gr. in-8, front., demi-rel. mar. rouge, tr. dor. 15 fr.

Illustré de 20 figures, dont 5 en couleur, et d'un frontispice dessinés et gravés par *Rouargue frères.*

686. Mercier (V.). Monumens de Londres. Cent dix tableaux lithographiés au trait, d'après les meilleures gravures anglaises. *Paris, impr. Dentu*, 1828 ; in-8 oblong, br. 5 fr.

687. Mérian (Marie). Histoire générale des Insectes de Surinam et de toute l'Europe. Troisième édition augmentée par Buch'oz. — **Jonston.** Histoire naturelle et raisonnée des différents Oiseaux qui habitent le globe, faisant suite à l'histoire de M. Mérian. *Paris, Desnos*, 1773 ; 4 vol. in-fol., demi-rel. chagr. rouge. 200 fr.

Ouvrages ornés d'un grand nombre de gravures coloriées par *Mottey.*

688. Mérigot. Promenades ou itinéraires des jardins de Chantilly. *Paris*, 1791 ; in-8, cart. 35 fr.

20 estampes gravées et dessinées par *Mérigot.*

689. Mérimée. La double Méprise, par l'auteur du théâtre de Clara Gazul. *Paris, Fournier*, 1833 ; in-8, demi-rel. veau gris (*Capé*) 25 fr.

ÉDITION ORIGINALE.

690. Méténier. La Grâce. *Paris, Giraud*, 1886 ; in-12, cart., *non rogné.* 40 fr.

ÉDITION ORIGINALE sur PAPIER DE HOLLANDE, illustrée de 6 aquarelles originales de *J. Apoux.*

691. Michel (Edmond). Monuments religieux, civils et militaires du Gatinais (départements du Loiret et de Seine-et-Marne), depuis le XIe jusqu'au XVIIe siècle. *Lyon, Paris et Orléans*, 1879 ; in-4, demi-rel. mar. rouge, *non rogné.* 40 fr.

107 planches hors texte. Publié à 100 fr.

692. Michel (Et.). Traité du Citronnier. *Paris, A. Bertrand*, 1816 ; gr. in-fol., demi-rel. veau fauve, *non rogné.* 50 fr.

21 planches coloriées. PAPIER VÉLIN.

693. Michel et Desnos. L'Indicateur fidèle ou guide des Voyageurs, qui enseigne toutes les routes royales et particulières de la France. Dressé par le sieur Michel, ingénieur géographe, mis au jour et dirigé par le sieur Desnos. *Paris*, 1765 ; in-4, couv. en papier. 20 fr.

Titre et frontispice gravés ; carte générale et 18 cartes routières particulières. Quelques piqûres de vers.

694. Michiels (Alfred). Van Dyck et ses élèves. *Paris, Loones*, 1882 ; gr. in-8, cart., *non rogné.* 12 fr.

Ouvrage illustré de 8 eaux-fortes du maître et de 16 autres gravures, dont 12 hors texte.

695. Migliori (Le) Pitture della Certosa di Napoli disegnate e pub-

blicate dal pittore Luigi An-
glini. *Parigi, Fain,* 1843 ; in-fol.,
cart.   10 fr.

> 18 planches en taille-douce tirées hors texte.

696. **Mille et Une Nuits** (Les).
Contes arabes, traduits par Galland.
Edition illustrée par les meilleurs
artistes français et étrangers, revue
et corrigée sur l'édition princeps de
1704 ; augmentée d'une dissertation
sur les Mille et Une Nuits, par
M. le baron Silvestre de Sacy. *Paris,
Ernest Bourdin, 16, rue de Seine-
Saint-Germain, s. d.* (1840); 3 vol.
gr. in-8, brochés (couv. ill.). 60 fr.

> Bel exemplaire du PREMIER TIRAGE de
> cette édition des Mille et Une Nuits, ornée
> d'un très grand nombre de figures insérées
> dans le texte et de 20 planches tirées à
> part. Les frontispices des 2 derniers volu-
> mes manquent. Couverture illustrée im-
> primée en bleu et or sur fond blanc. Taches
> de rousseur.

697. **Mille et Une Nuits** (Les),
contes arabes, traduits en français
par Gallaud ; nouvelle édition publiée par M. Edouard Gauttier. *Paris, Collin de Plancy,* 1822-1823 ;
7 vol. in-8, br.   25 fr.

> 21 figures par *Chasselat.*

698. **Milleville** (Henry de). Armorial de la Noblesse. *Paris, Vaton,*
1845 ; gr. in-8, demi-rel. bas.
verte.   10 fr.

> Blasons et vignettes. — Taches.

699. **Mionnet** (T.-E.). De la Rareté
et du prix des Médailles romaines
ou Recueil contenant les types rares et inédits des médailles d'or,
d'argent et de bronze. *Paris,* 1827;
2 tomes en un vol. in-8, demi-rel.
veau vert.   25 fr.

> Planches en taille-douce.

700. **Mirabeau** (Honoré-Gabriel de
Riquetti de). Œuvres précédées
d'une notice sur sa vie et ses ouvrages, par M. Mérilhou. *Paris,
Dupont,* 1825-1827 ; 9 vol. in-8,
port., demi-rel. basane, *non rognés.*   50 fr.

701. **Mirys.** Figures de l'histoire
de la République romaine, accompagnées d'un précis historique.
Ouvrage exécuté par ordre du gouvernement pour servir à l'instruction publique, d'après les dessins
de S.-D. Mirys. *Paris, Mirys, an*

VIII (1800) ; in-4, demi-rel. chagrin noir, éb., *non rogné.* 100 fr.

> PAPIER VÉLIN.
> Un frontispice et 180 figures gravées par
> *Baquoy, Simonnet, de Launay, Dam-
> brun, Patas* et autres, avec texte en
> taille-douce. On y joint 30 figures pour
> l'*Histoire des Empereurs,* par le même.
> Bel exemplaire.

702. **Mitelli.** Proverbi figurati da
Giuseppe Maria Mitelli , pittore
bolognese, e da lui inventati, desegnati e intagliati. (*Bologna*), 1678 ;
pet. in-fol., demi-rel. veau. 150 fr.

> Rare recueil de Proverbes figurés com-
> prenant un titre, un f. de dédicace à Fr.
> Marie de Toscane et 48 planches sur
> cuivre exécutées avec autant de soin que
> de goût.

703. **Mode illustrée** (La). Journal
hebdomadaire. *Paris, Didot,* 1868-
1871 ; 8 vol. in-fol., demi-rel. chagrin noir, plats toile, tr. dor. 30 fr.

> Nombreuses figures dans le texte et
> planches de modes coloriées.

704. **Moisant de Brieux.** Les
Origines de quelques Coutumes
anciennes et de plusieurs façons de
parler triviales, avec un vieux manuscrit en vers, touchant l'origine
des chevaliers bannerets de Bretagne (par Jacq. Moisant de Brieux).
Caen, Jean Cavelier, 1672 ; pet. in-
12, mar. bleu à longs grains, dos
orné, fil., tr. dor. (*Thouvenin*). 100 fr.

> Ouvrage extrêmement rare; il donne les
> explications de locutions telles que : *Ferrer
> la mule, Laisser aller le chat au fro-
> mage , Passer la plume par le bec ,
> Rôtir le balai, Faire la figue,* et autres
> manières de parler proverbiales.
> Bel exemplaire.

705. **Molière.** Œuvres. Nouvelle
édition, augmentée de la vie de
l'auteur et des remarques historiques et critiques par M. de Voltaire. Avec de très belles figures
en tailles-douces. *Amsterdam et
Leipzig, Arkstée et Merkus,* 1765 ;
6 vol. in-12, veau, dos orné, fil.,
tr. dor. (*Rel. anc.*).   50 fr.

> Bel exemplaire aux ARMES ROYALES
> illustré d'un portrait et de 32 figures de
> *Punt* d'après *Boucher,* gravées en taille-
> douce.

706. **Molière.** Œuvres complètes.
Avec les variantes. *Paris, L. de
Bure,* 1834 ; gr. in-8, mar. bleu,
dos orné, comp. de fil, tr. dor.
(*Hering et Muller*).   30 fr.

> Portrait sur *Chine.* Bel exemplaire.

Achat de Bibliothèques

707. Molière. Œuvres, précédées d'une notice sur sa vie et ses ouvrages, par M. Sainte-Beuve. *Paris, Paulin,* 1835-1836; 2 vol. gr. in-8, demi-rel. chagrin violet, éb., tête dor. 25 fr.

Portrait et vignettes de *Tony Johannot*, gravés sur bois. Exemplaire de PREMIER TIRAGE.

708. Molière. Trente et une eaux-fortes pour les Œuvres de Molière. Dessins de Louis Leloir, gravés par L. Flameng. *Paris, Aug. Fontaine,* 1880-1881 ; in-4, *en feuilles* dans un carton. 100 fr.

Un des 60 exemplaires AVANT LA LETTRE sur papier de Hollande. Ces figures peuvent illustrer le Molière de Jouaust, le Molière de l'imprimerie nationale, et le Molière des Grands Ecrivains publié par Hachette.

709. Monde dramatique (le), revue des spectacles anciens et modernes. *Paris,* 1835-1839; 8 vol. in-8, cart. 175 fr.

Ouvrage assez rare à rencontrer complet, orné de nombreuses vignettes sur bois, de lithographies représentant les principales scènes des meilleures pièces de cette époque, et de portraits d'auteurs et d'artistes dramatiques, gravés sur cuivre ou lithographiés.

710. Moncrif. Les Chats. *Paris, Gab.-Fr. Quillau,* 1727; in-8, veau. 25 fr.

ÉDITION ORIGINALE. Figures de *Coypel.*

711. Moncrif. Œuvres. *Paris, Brunet,* 1751 ; 3 vol. pet. in-12, veau, dos orné. (*Rel. anc.*). 15 fr.

Portrait de l'auteur, 3 titres gravés et 3 frontispices dessinés par *de Sève* et gravés par *Baquoy, Sornique* et *Chenu.*

712. Monnaies. Prix des Monoyes de France et des matières d'or et d'argent depuis la déclaration du 31 mars 1640. Nouvelle édition. *Rouen, Cabut,* 1736; in-4, veau. 20 fr.

Livre intéressant et rare, formant l'histoire des monnaies de France sous Louis XIII, Louis XIV et Louis XV, avec leur représentation exacte.

713. Monnier (Henry). Les Bas-fonds de la Société. *Paris, J. Claye,* 1862 ; in-8, demi-rel. dos et coins de mar. orange, dos mosaïqué, tête dor., *non rogné* (*Meunier*). 60 fr.

ÉDITION ORIGINALE, tirée à 200 exemplaires sur PAPIER VERGÉ. Très jolie reliure de *Charles Meunier.*

714. Monnier (Henry). Scènes populaires dessinées à la plume. *Paris,*

Dumont, 1836-1839 ; 4 vol. in-8, fig., br. 30 fr.

Cachet de cabinet de lecture sur les titres et à la fin des volumes. Couvertures conservées.

715. Montalembert. Sainte Elisabeth de Hongrie. Avec une préface de Léon Gautier. *Tours, Alfr. Mame,* 1879 ; in-4, br. 30 fr.

Un des 300 exemplaires sur GRAND PAPIER VERGÉ. — 8 chromolithographies, 728 gravures et 120 vignettes.

716. Montano (Gio.-Batt.). Libro primo [e secundo] Scielta di varii Tempietti antichi con le piante et alzatte desegnati in prospettiva di M. Gio. Battista Montano Milanese. Date in luce, per Gio. Battista Soria Romano, et fatti intagliare in rame. *Roma, Soria,* 1624-1638 ; gr. in-4, vélin. 70 fr.

Première partie : Titre, dédicace, 2 portraits et 66 planches. — Seconde partie : Titre (avant l'inscription) et 25 planches. L'ensemble gravé sur cuivre.

717. Montesquieu. Le Temple de Gnide. Nouvelle édition avec figures gravées par Le Mire. *Paris, chez Le Mire,* 1772 ; gr. in-8, veau marbré, dos orné, fil., tr. dor. (*Rel. anc.*). 200 fr.

Un titre gravé, un frontispice renfermant le portrait en médaillon de Montesquieu, et 9 belles figures d'*Eisen,* gravées par *Le Mire.*

718. Montesquieu. Le Temple de Gnide. *Paris, impr. de Didot,* 1795 ; pet. in-12, mar. vert, dos orné, dent., tr. dor. (*Rel. anc.*). 50 fr.

Très belle édition ornée sur le titre du portrait de l'auteur par *Saint-Aubin* et de 12 jolies figures de *Regnault* et de *Le Barbier.* Exemplaire sur PAPIER VÉLIN.

719. Montesquieu. Le Temple de Gnide. *Paris, Impr. Pinard,* 1824; in-fol., demi-rel. dos et coins de chagr. rouge, tête dor., *non rog.* 12 fr.

L'un des 140 exemplaires sur GRAND PAPIER VÉLIN, orné de 7 vignettes en tête.

720. Montfaucon (Bernard de). L'Antiquité expliquée et représentée en figures. *Paris, Fl. Delaulne,* 1719; 10 vol. in-fol. — Supplément au livre de l'Antiquité expliquée et représentée en figures. *Paris, Giffart,* 1757 ; 5 vol. in-fol. Ens. 15 vol. in-fol., pl., veau jaspé, tr. marbr. 350 fr.

Exemplaire en GRAND PAPIER.

Et de Livres anciens et modernes

721. **Montfaucon** (Bernard de). Les Monuments de la Monarchie française, avec les figures de chaque règne que l'injure du temps a épargnées (en français et en latin). *Paris, Gandouin*, 1729-1733 ; 5 vol. in-fol., demi-rel. veau.   250 fr.

> Frontispice avec portrait de Louis XV et 306 planches.
> Ouvrage recherché pour les nombreuses planches de costumes qu'il renferme.
> Exemplaire en GRAND PAPIER.

722. **Montorgueil** (Georges). Les Trois Apprentifs de la Rue de la Lune. Illustrations dans le texte par Louis le Réverend et Paul Steck. Aquarelles hors texte de Ed. Loevy. *Paris, May et Motteroz, s. d.* ; in-4, couv. illust., br.   10 fr.

723. **Morat** (Bataille de). Quatrième Centenaire de la bataille de Morat le 22 juin 1876. Album du Cortège historique dessiné et peint d'après les costumes originaux par C. Jauslin et G. Roux. Chromolithographie des ateliers C. Knüsli à Zurich. *Berne, s. d.* ; in-4 oblong, 40 planches montées sur onglets, demi-rel. mar. r., tête dor. (*Champs*). 60 fr.

724. **Mordant de Launay**. Herbier général de l'amateur, contenant la description, l'histoire, les propriétés et la culture des végétaux utiles et agréables, par Mordant de Launay, continuée par M. Loiseleur-Deslongchamps. *Paris, Audot*, 1816-1827 ; 8 vol. in-4, mar. brun, *non rognés*.   200 fr.

> Bel ouvrage illustré de 572 planches coloriées avec le plus grand soin.

725. **Morel de Vindé**. Primerose. *Paris, impr. de P. Didot l'aîné (Bleuet)*, 1798 ; pet. in-12, demi-rel. veau.   15 fr.

> Frontispice et 5 charmantes figures gravées par *Godefroy* d'après *Le Febvre*.

726. **Morel de Vindé**. Zélomir. *De l'impr. de P. Didot l'aîné. A Paris, chez Bleuet jeune*, 1801 ; pet. in-12, cart.   10 fr.

> 6 figures de *Lefèvre*, gravées par *Godefroy*.

727. **Morice** (Dom Pierre-Hyacinthe) et dom **Taillandier**. Histoire ecclésiastique et civile de Bretagne. *Paris, Delaguette*, 1750-1756 ; 2 vol. — Mémoires pour servir de preuves à l'histoire de Bretagne. *Paris, Os-*

mond, 1742-1746 ; 3 vol. Ens. 5 vol. in-fol., front., veau fauve, dos orné, fil., tr. dor. (*Rel. anc.*).   300 fr.

> Rare ouvrage très recherché, surtout à cause des preuves qui présentent une infinité de pièces curieuses. — Très bel exemplaire.

728. **Morus** (Thomas). Idée d'une république heureuse ou l'Utopie de Thomas Morus, chancelier d'Angleterre. *Amsterdam*, 1730 ; 2 part. en un vol. in-12, veau.   12 fr.

> Figures de *Bleyswick*. — La planche de la p. 225 manque.

729. **Mouillard** (Lucien). Les Régiments sous Louis XV. Constitution de tous les corps de troupes à la solde de la France pendant les guerres de succesion à l'empire et de sept ans. *Paris, Dumaine*, 1882 ; in-fol., cart., *non rogné*.   30 fr.

> 46 planches coloriées, donnant les costumes de l'infanterie, de la cavalerie et de l'artillerie françaises, ainsi que des régiments étrangers au service de la France : leurs étendards, leurs guidons et leurs drapeaux.

730. **Murailles** (Les) politiques françaises. *Paris, Le Chevalier*, 1875 ; 3 vol. in-4, br.   12 fr.

> Publication fort intéressante par les documents officiels, sous forme d'affiches, qu'elle reproduit : Tome I. L'Invasion ; La Libération. — Tome II. Du 4 septembre au 18 mars. — Tome III. Du 18 mars au 27 mai.

731. **Musée des Familles**. Lectures du soir. *Paris*, 1833-1895 ; 75 vol. pet. in-4, br.   150 fr.

> Collection complète (sauf des années 1845, 1846, 1847 et 1874), illustrée de nombreuses figures sur bois.
> Les trois premiers vol. sont cart.

732. **Musée** ou Magasin comique de Philipon, contenant près de 800 dessins par Cham, Daumier, Gavarni, Grandville, Lorentz, etc. *Paris, Aubert, s. d.* ; 2 vol. gr. in-4, demi-rel. veau.   35 fr.

> La reliure n'est pas uniforme.

733. **Musset** (Alfred de). La Mouche. Illustrée de trente compositions par Ad. Lalauze. Préface par Philippe Gille. *Paris, Ferroud*, 1892 ; gr. in-8, *broché*.   90 fr.

> Exemplaire sur GRAND PAPIER VÉLIN D'ARCHES, contenant la double suite des figures de *Lalauze*, avec remarques d'artistes.

734. **Musset** (Alfred de). Eaux-fortes pour illustrer les Œuvres de

Alfred de Musset, dessins de Henri Pille, gravés par Louis Monziès. *Paris, Lemerre,* 1878 ; *en feuilles et en cartons.*   40 fr.

42 figures sur PAPIER DE CHINE.

735. **Mystères inédits** du quinzième siècle, publiés pour la première fois par Achille Jubinal d'après le manuscrit unique de la biblioihèque Ste-Geneviève. *Paris, Techener,* 1837 ; 2 vol. in-8, *brochés.*   15 fr.

2 frontispices, fac-simile du manuscrit, tirés sur Chine.

736. **Nabat** (X. de). L'Argus des Haras et des Remontes. Journal de la réforme des abus dans l'intérêt des éleveurs de chevaux, de la cavalerie et de l'agriculture. *Paris,* 1841-1848 ; 7 vol. in-8, demi-rel. veau fauve.   60 fr.

72 figures lithographiées représentant les chevaux des différents races, élevés en France. Ceux destinés aux régiments de cavalerie sont accompagnés de figures de costumes militaires.

737. **Napoléonium** (Le). Monographie du Louvre et des Tuileries réunis, avec une notice historique et archéologique. *Paris, Grim,* 1856 ; in-fol., demi-rel. dos et coins de mar. vert, tête dor., *non rogné (Petit).*   35 fr.

64 planches. On a ajouté 5 vues du Louvre et des Tuileries du XVIIIe siècle, très curieuses, montées sur onglets.

738. **Narjoux**. Paris. Monuments élevés par la ville, 1850-1880. Ouvrage publié sous le patronage de la ville de Paris. *Paris, Morel,* 1882 ; 4 vol. in-fol., *en feuilles* et en cartons.   150 fr.

300 planches. Ouvrage fort intéressant pour l'histoire monumentale de Paris. Publié à 350 fr.

739. **Nieuhoff** (Jean). L'Ambassade de la Compagnie orientale des Provinces Unies vers l'Empereur de la Chine. Mis en françois par Jean le Carpentier. *Leyde, J. de Meurs,* 1665 ; in-fol., veau granit, dos orné.   30 fr.

Planches en taille-doucs.
Le véritable auteur de cet ouvrage serait, d'après Barbier, Degoyer de Kaiser.

740. **Nieuhovius** (Johan). Legatio batavica ad magnum Tartariæ Chamum Sungteium, modernum Sinæ imperatorem. Historiarum narra-

tione, quæ legatis in provinciis Quantung, Kiangsi, Nanking, Xantung, Pekin, et aula imperatoria ab anno 1655 ad annum 1657 obligerunt. Latinitate donata per Georgium Hornium. *Amstelodami, apud J. Meursium,* 1668 ; pet. in-fol., veau.   20 fr.

Frontispice et nombreuses et belles planches gravés sur cuivre.

741. **Nodier** (Charles). La Seine et ses bords. La Saône et ses bords. *Paris, chez l'éditeur (Mure de Pelanne),* 1836 ; 2 tomes en 1 vol. in-8, demi-rel. dos et coins de mar. rouge, dos orné, *non rogné.* 40 fr.

Vignettes sur bois par *Marville* et *Foussereau.*
Bel exemplaire en GRAND PAPIER VÉLIN.

742. **Noden** (Fr.-Lewis). Travels in Egypt and Nubia. Enlarged with observations from ancient and modern authors, that have written on the antiquities of Egypt by Dr Peter Templeman. *London,* 1757 ; 2 vol. in-fol., veau.   50 fr.

Frontispice, portrait et 159 belles planches.

743. **Normand** (Charles). Nouveau Recueil en divers genres d'ornemens et objets propres à la Décoration des bâtiments. *Paris, Banco,* 1828 ; in-fol., cart.   25 fr.

48 planches gravées au trait : panneaux, plafonds, meubles, bronzes, etc.

744. **Normandie** (La) illustrée, monuments, sites et costumes de la Seine-Inférieure, de l'Eure, du Calvados, de l'Orne et de la Manche. *Paris, Charpentier,* 1854 ; 2 vol. in-fol., chagrin Lavallière, *non rognés.*   100 fr.

Nombreuses lithographies. Les costumes ont été dessinés et lithographiés par *Lalaisse.*

745. **Notice** sur la construction et la dédicace de la chapelle Saint-Louis, érigée par Louis-Philippe Ier en 1841 sur les ruines de l'ancienne Carthage, près de Tunis. (Par P.-F.-L. Fontaine). *Paris, Fain et Thunot,* 1841 ; in-4, demi-rel. mar. vert, dos orné.   7 fr.

10 planches en taille-douce. Taches de rousseur.

746. **Nouveaux** Contes à rire et aventures plaisantes de ce temps

ou récréations françoises. Edition enrichie de figures en taille-douce. *Cologne, Roger Bontemps (Holl.),* 1702-1722 ; 2 vol. pet. in-8, front. et fig., mar. citron, fil., tr. dor. (*Rel. anc.*)   120 fr.

> Bel exemplaire. Ces volumes peuvent s'ajouter à la collection des conteurs illustrés par Romain de Hooghe.

747. Nuict (la) des nuitcs. Le Jour des jours. Le Miroir du destin ou la nativité du Daufin du ciel. La Naissance du Daufin de la Terre et le tableau de ses aventures fortunées (par Dubois-Hus). *Paris, Jean Paslé,* 1731 ; in-12, demi-rel. veau fauve.   30 fr.

> Rare.

748 Nus et **Méray**. Les Papillons. Métamorphoses terrestres des peuples de l'air, par Amédée Varin. *Paris, E. de Gonet, s. d.* (1854) ; 2 tomes en un vol. gr. in-8, demi-rel. chagr. bleu, tête dor., *non rognés.*   35 fr.

> Bel exemplaire orné de 34 planches coloriées, gravées sur bois.

749. Office (L') de la Semaine sainte, en latin et en français, à l'usage de Madame la Dauphine et de sa maison. *Paris, Moutard,* 1773 ; in-8, front. et fig., mar. rouge, dos orné, riches comp. sur les plats, tr. dor. (*Rel. anc.*).   160 fr.

> Par une singularité qui s'explique par l'usage de cet office, on a frappé sur les plats de la reliure les armes de MARIE-JOSEPHE DE SAXE, morte en 1767. Ces armoiries offrent cette particularité qu'elles sont entourées de la cordelière de veuve, particularité curieuse et très rare à rencontrer.

750. Olivier. L'Art des Armes simplifié, ou nouveau traité sur la manière de se servir de l'Epée. Nouvelle édition revue, corrigée et augmentée. *Londres, Bell,* 1780 ; in-8, veau.   75 fr.

> Intéressant ouvrage d'escrime orné de planches en taille-douce représentant toutes les attitudes des tireurs.
> Texte anglais et français.

751. Ollier (Edm.). History of the United States, illustrated. *London, Petter et Galpin, s. d. ;* 3 vol. gr. in-8, cart. toile.   20 fr.

> Figures sur bois dans le texte.

752. Oratio Dominum nimirum plus centum linguis, versionibus aut characteribus, reddita et expres-

sa. Editio novissima, Speciminibus variis quam priores auctior. *Augspurg, J.-U. Krausen, s. d. ;* pet. in-fol., cart.   10 fr.

> L'Oraison dominicale en 87 langues anciennes on modernes.
> Edition publiée au XVIIᵉ siècle, ornée de 3 vignettes en-têtes. — Taches.

753. Ordre du Saint-Esprit. Les noms, surnoms, qualités, armes et blasons des chevaliers de l'Ordre du Sainct Esprit, créés par Louis quatorzième du nom, Roy de France et de Navarre, à Paris dans l'église des Augustins le 1ᵉʳ jour de l'an 1662. *S. l. n. d. (Paris, vers 1663) ;* pet. in-fol., veau.   50 fr.

> Titre et 78 planches de blasons gravés sur cuivre donnant les armoiries des récipiendaires.

754. Ornati (Gli) delle pareti ed i pavimenti delle stanze dell' antica Pompei, incisi in rame. *Napoli, della stampa reale,* 1808 ; 2 parties en un vol. gr. in-fol., mar. rouge, dos orné, dent., tr. dor. (*Rel. anc.*)   75 fr.

> Frontispice et 94 planches.
> Ces estampes peuvent faire suite aux antiquités d'Herculanum.

755. Ouville (Ant. Le Metel d'). L'Elite des Contes du sieur d'Ouville. *Paris, N. Pepingué,* 1669 ; 2 vol. in-12, demi-rel. chagr. rouge.   40 fr.

> Rare et curieux recueil d'anecdotes. — Mouillures.

756. Ovide. Les Métamorphoses, en latin, traduites en François avec des remarques et des explications historiques, par l'abbé Banier. Ouvrage enrichi de figures en taille-douce gravées par B. Picart et autres habiles maîtres. *Amsterdam, Wetstein,* 1732 ; 2 vol. gr. in-fol., mar. rouge, dos orné, fil., tr. dor. (*Rel. anc.*)   250 fr.

> Bel exemplaire contenant page 264 du tome II, les trois grandes planches imprimées séparément et qui manquent quelquefois.

757. Ovide. Les Métamorphoses d'Ovide, gravées sur les dessins des meilleurs peintres français par les soins des sieurs Le Mire et Basan, graveurs. *Paris, Basan et Lemire,* 1767 ; gr. in-8, cart. 200 fr.

> Frontispice et 140 figures d'après *Eisen, Moreau, Boucher,* etc.

Achat de Bibliothèques

758. Ovide. Les Métamorphoses d'Ovide, en latin et en françois, de la traduction de M. l'abbé Banier, avec des explications historiques. *Paris, Delormel,* 1767-1771 ; 4 vol. in-4, front. et fig., veau racine, dos orné, fil., tr. jasp. (*Rel. anc.*) 600 fr.

Édition qui est certainement l'un des plus beaux livres du XVIIIe siècle.
Bel exemplaire de PREMIER TIRAGE, contenant la suite des 140 charmantes estampes de *Moreau, Boucher, Eisen, Monnet, S. Gois,* etc.

759. Palais (le) de Justice de Paris. Son monde et ses mœurs, par la presse parisienne. Préface d'Alexandre Dumas fils. *Paris, imp. réunies,* 1892; gr. in-8, br. 10 fr.

Ouvrage humoristique orné de 150 illustrations dans le texte.

760. Palladio (André). Les quatre livres d'architecture d'André Palladio, mis en françois (par Roland Fréart, sieur de Chambray). Dans lesquels, après un petit traité des cinq ordres, il parle des constructions des maisons particulières, des grands chemins, des ponts, etc. *Paris, impr. d'Edme Martin,* 1650 ; pet. in-fol., cart. 30 fr.

Mêmes figures sur bois que dans l'édition originale de 1570. Mouillures.

761. Palladio. Architecture de Palladio, avec des notes de Inigo Jones. Le tout revu, dessiné et mis au jour par Jacques Leoni. *La Haye, Pierre Gosse,* 1726 ; 4 parties en 2 vol. in-fol., veau granit. 50 fr.

Beau portrait de Palladio gravé par *Bernard Picart* et 230 planches : coupes, élévations, plans, etc.

762. Palladio (André). Les Batimens et les dessins d'André Palladio, recueillis et illustrés par Octave Bertotti Scamozzi en italien et en français. *Vicence,* 1776-1783 ; 4 vol. gr. in-fol. — Les Termes des Romains. *Vicence,* 1785 ; gr. in-fol. Ens. 5 vol. gr. in-fol., veau racine, dos orné, fil., tr. rouge. 200 fr.

Édition la plus belle et la meilleure que l'on ait de cet excellent ouvrage. Elle est ornée en totalité de 234 planches gravées sur cuivre.
Bel exemplaire.

763. Paradin. Gulielmi Paradini memoriæ nostræ libri quatuor. *Lugdini, apud Joan. Tornæsium,* 1548; pet. in-fol., vélin. 30 fr.

EDITION ORIGINALE de cette histoire contemporaine que l'auteur traduisit et donna deux ans plus tard sous le titre d'*Histoire de notre temps.* — Mouillures.

764. Paris (Paulin). Toiles peintes et tapisseries de la ville de Reims ou la mise en scène du théâtre des confrères de la Passion. *Paris, H. de Bruslart,* 1843 ; 2 tomes en un vol. in-4, et album in-fol., demi-rel. chagr. 40 fr.

32 planches dessinées et gravées par *Leberthais.* Mouillures marginales à l'album et quelques planches piquées d'humidité.

765. Paris. Recueil contenant l'édit du roy, sur l'establissement de la Jurisdiction des Consuls en la ville de Paris : et les déclarations et arrests donnez en suite, pour authoriser ladicte justice. *Paris, Rob. Ballard,* 1668 ; 2 parties en un vol. in-4, mar. rouge, dos et plats fleurdelisés, tr. dor. (*Rel. anc.*) 100 fr.

Exemplaire dans sa reliure originale, aux armes des CONSULS DE PARIS. On trouve dans la 2e partie de ce recueil la très intéressante nomenclature de tous les Juges-Consuls depuis leur érection en 1563 jusqu'en 1668. On y remarque, entre autres, le nom d'un Pocquelin, celui de Martin du Fresnoy, père du célèbre bibliophile Elie du Fresnoy, etc.

766. Paris. Paris qui s'en va. Texte par Alfred Delvau, Th. Gautier, Ars. Houssaye, etc., etc. *Paris, Taride, s. d.;* in-fol., carton toile rouge, tr. dor. 25 fr.

25 eaux-fortes par *Léopold Flameng.*

767. Paris. Collection de 28 vues de Paris, prises au daguerréotype, gravures en taille-douce sur acier par Chamouin (*vers* 1860) ; in-4 oblong, demi-rel. mar. rouge. 12 fr.

768. Paris. Vie élégante de la Société parisienne. Dessins de Compte-Calix, gravés sur acier par Portier. *Paris, Plon, s. d. (vers* 1860) ; pet. in-fol., br. 10 fr.

12 belles planches sur acier, intéressantes pour les modes sous le second empire.

769. Paris s'amuse. Pedro Garcias, rédacteur en chef. *Paris,* 1882-1883 ; pet. in-fol., br. 5 fr.

15 numéros humoristiques du 4 novembre 1882 au 10 février 1883.

770. Pariset (R. M.). Nouveau livre de principes de dessin, recueilli

(*sic*) des études des meilleurs Maîtres tant anciens que modernes. A *Paris chez Surugue, s. d.* (vers 1770) ; in-fol., veau fauve, tr. rouge. 25 fr.

Titre-frontispice et 36 planches. On a ajouté à la fin : « L'Amour du dessin ». 7 pl. remontées. Bel exemplaire.

771. Passerius. Picturæ etruscorum in vasculis, nunc primum in unum collectæ explicationibus, et dissertationibus inlustratæ a Joh. Baptista Passerio nob. Pisaur. *Romæ, ex typ. Johannis Zempel,* 1767-1775 ; 3 vol. gr. in-fol., cuir de Russie, dos orné, fil. (*Rel. anc.*). 150 fr.

Très bel exemplaire avec 300 planches finement coloriées.

772. Passion (The) of our Saviour. (*London*) *Printed by J. Boydell engraver, s. d.*; in-8 obl., demi-rel. veau bleu. 25 fr.

35 planches y compris le titre, gravées d'après *Sébastien Le Clerc.*

773. Pays-Bas. Afbeeldinghe der voornaemste Steeden van Nederlant. Les principales villes des Païs-Bas mises en lumière par F. de Witt ; in-4, cart. 30 fr.

Recueil de 24 planches sur cuivre publié au XVIIe siècle et représentant en perspective les villes de Nimègue, Dordrecht, Haarlem, Leyde, Amsterdam, Utrecht, Groningue, Anvers, Bruxelles, Namur, Arras, etc.

774. Pellico (Silvio). Mes Prisons. Suivies du Discours sur les Devoirs des Hommes. Traduction de M. Antoine de Latour, avec des chapitres inédits, les additions de Maroncelli et des notices littéraires ou biographiques. *Paris, Charpentier,* 1843 ; gr. in-8, demi-rel. chagr. brun, éb., *non rogné.* 12 fr.

Belle édition, illustrée par *Tony Johannot* de 100 dessins gravés sur bois. Frontispice sur Chine.

775. Péréfixe (Hardouin de). Histoire du roy Henry le Grand. Composée par messire Hardouin de Péréfixe. *Amsterdam, Ant. Michiels,* (*Bruxelles, Fr. Foppens*), 1661 ; in-12, mar. rouge jans., tr. dor. (*Cuzin*). 35 fr.

Bel exemplaire. Haut. 136 mm.

776. Perrot (A.-M.). Collection historique des Ordres de Chevalerie, civils et militaires, existant chez les différens peuples du Monde, suivie d'un tableau chronologique des ordres éteints. *Paris, Aimé André,* 1820; in-4, demi-rel. chagr. rouge, plats toile, tr. rouge. 35 fr.

40 planches gravées en taille-douce et coloriées avec soin, représentant les plaques, croix, médailles, rubans des ordres anciens et nouveaux.

777. Petits Conteurs du XVIIIe siècle. Publiés avec Notices bio-bibliographiques par Octave Uzanne. *Paris, Quantin,* 1878-1882; 12 vol. in-8, *brochés.* 120 fr.

L'un des 50 exemplaires tirés sur PAPIER WHATMAN, contenant la suite des portraits en double état, sur *papier Whatman* et sur *Japon*, en noir ou en sanguine. Publié à 300 fr.

Cette collection comprend : Les Contes de Voisenon, de Boufflers, de Crébillon fils, de Moncrif, de la Morlière, de Pinot-Duclos, de Cazotte, de Restif de la Bretonne, de Besenval, de Fromaget, de Godard-d'Aucour, et les Facéties du comte de Caylus.

778. Peucer (Gaspar). Les Devins ou commentaires des principales sortes de devinations : Distingué en quinze livres esquels les ruses et impostures de Satan sont descouvertes, solidement réfutées, etc. Escrit en latin, nouvellement tourné en françois par S. G. S. (Simon Goulart, Senlisien). *Anvers, Hendrick Connix,* 1854 ; in-4, vélin à recouvrements. 60 fr.

Le meilleur ouvrage de cet auteur fécond.

779. Philostrate. Les Images ou tableaux de platte peinture des deux Philostrates sophistes grecs et les statues de Callistrate, mis en françois par Blaise de Vigenère, bourbonnois, enrichis d'arguments et annotations. Reveus et corrigez sur l'original par un docte personnage de ce temps en la langue grecque et representez en taille-douce en cette nouvelle édition, avec des épigrammes sur chacun d'iceux par Thomas d'Embry. *Paris, Vve Abel l'Angelier,* 1614; in-fol., veau. 100 fr.

Titre gravé et 68 belles planches gravées en taille-douce par *Jaspar Isaac, Léonard Gaultier* et *Thomas de Leu.*

780. Pinelli (Bertholomeo). Nuova Raccolta di cinquanta motiva pittoreschi e costumi di Roma, incisi all' aqua forte da Bartolomeo Pinelli Romano. *Roma*, 1810, *presso Lorenzo Lazzari;* in-4, vélin. 50 fr.

Titre avec portrait de l'auteur et 49 eaux-fortes, costumes et scènes de mœurs romaines au début du XIX⁰ siècle.

A la suite : *Raccolta di 50 costumi di Roma e sue vicinanze tuli da Bartolomeo Pinelli incisi allaqua forte da Gaetano Cottafava.* Roma, 1826; in-4, titre et 50 planches.

781. Pinset (Raphaël) et Jules **d'Auriac**. Histoire du Portrait en France. *Paris, Quantin,* 1884 ; in-8, *broché.* 10 fr.

Illustrations dans le texte.

782. Poésies satyriques du XVIII⁰ *Londres,* 1872; 2 vol. in-16, mar. rouge, dos orné, fil., tr. dor. (*Capé*). 40 fr.

Bel exemplaire orné de 2 frontispices de *Marillier.*

783. Pontas (Jean). Dictionnaire de cas de Conscience, ou décisions des plus considérables difficultés touchant la morale et la discipline ecclésiastique, tirées de l'Ecriture, des Conciles, des Pères, des decretales, des Papes et des plus célèbres théologiens et canonistes. *Paris, Quillau,* 1730; 3 vol. in-fol., veau. 18 fr.

784. Portraits. Saxoniæ Ducum Cæsarib. Creand viivirum ; et cæterorum à Friderico I ad Christianum II fratres et agnatos Genuinæ effig. cum collect. et epigramm. Marci Henningi. *Augustæ Vindelicorum, ex cœlatura et officinia Dom. Custodis,* 1601 ; pet. in-fol. vélin. 25 fr.

Titre gravé; 3 front. et 21 portraits des ducs de Saxe, par *Dominique Custos.*

785. Prisse (E.). The Oriental Album. *London,* 1846. — Vues de Blacherme Melnitza, domaine de M. le prince Serge Galitzin. *Paris,* 1841. — Ens. 2 ouvrages en 1 vol. in-fol., pl. lithog. noires et teintées, demi-rel. chagr. rouge. 30 fr.

Les planches sont montées sur onglets.

786. Quérard. La France littéraire, ou dictionnaire bibliographique des savants, historiens et gens de lettres de la France ; ainsi que des littérateurs étrangers qui ont écrit en français, plus particulièrement pendant les XVIII⁰ et XIXe. siècles. *Paris, Firmin Didot,* 1827-1864; 12 vol. in-8. — La Littérature française

contemporaine, par Quérard, Ch. Louandre, Bourquelot et Maury. *Paris,* 1842-1857 ; 6 vol. in-8. Ens. 18 vol. in-8, br. 200 fr.

Exemplaire bien complet, avec les rares tomes XI et XII du Quérard.

787. Rabelais. Œuvres de maître François Rabelais, publiées sous le titre de faits et dits du géant Gargantua et de son fils Pantagruel. *Amsterdam, H. Bordesins,* 1711 ; 5 vol. in-12, veau. 20 fr.

Frontispice, portrait et cartes.

788. Rabelais. Œuvres de Maître François Rabelais, avec des remarques historiques et critiques de M. Le Duchat. Nouvelle édition ornée de figures de Bernard Picart, etc. *Amsterdam, J.-F. Bernard,* 1741 ; 3 vol. in-4, veau. 150 fr.

La meilleure édition de Rabelais publiée au siècle dernier. Superbe frontispice, dessiné et gravé par *Folkema,* titre gravé par *Bern. Picart,* pour les 1ᵒᵒ et 3ᵉ volumes, fleuron sur le titre de ces deux volumes et un autre fleuron différent sur le titre du second, 3 gravures topographiques de la Devinière, portrait de Rabelais, gravé par *Tanjé;* 8 culs-de-lampe par *Picart* et 12 estampes par *Du Bourg,* gravées par *Bernaeris, Folkema* et *Tanjé.*

789. Rabelais. Œuvres, précédées d'une notice historique sur la vie et les ouvrages de Rabelais, augmentée de nouveaux documents, par P.-L. Jacob. *Paris, J. Bry,* 1854 ; in-4, *broché.* 30 fr.

Illustrations de *Gustave Doré.* Couverture conservée. Un f. de texte a été déchiré.

790. Rabelais. Œuvres, précédées de sa Biographie et d'une Dissertation sur la prononciation du français au XVI⁰ siècle, et accompagnées de Notes explicatives du texte, par A.-L. Sardou. *San Remo, J. Gay et fils,* 1874-1875 ; 3 vol. pet. in-12, *brochés.* 25 fr.

PAPIER DE HOLLANDE. Portrait et fac-similé d'autographe.

791. Racine. Œuvres. *Paris, Claude Barbin, Pierre Trabouillet,* 1687 ; 2 vol. in-12, mar. rouge, dos orné, fil., tr. dor. (*Hardy-Mennil*). 120 fr.

Frontispices et figures de *F. Chauveau.*

792. Racinet (A.). L'Ornement polychrome : 100 planches en couleurs or et argent, contenant environ 2,000 motifs de tous les styles, art ancien et asiatique, moyen âge, renaissance, XVIIe et XVIIIe siècles. Avec des notices explicatives et une introduction générale. *Paris*, 1869 ; in-fol., br., en livraisons.   **80 fr.**

PREMIÈRE ÉDITION de la première série.

793. **Raphaël.** Sacræ historiæ acta a Raphaele Urbin, in Vaticanis Xystis ad picturæ miraculum expressa Nicolaus Chapron Gallus a se delineata et incisa. Romæ, 1649. (*Parisiis, Petrus Mariette*), in-fol. obl., demi-rel. bas.   **25 fr.**

Frontispice, titre, et 52 planches sur cuivre. Le front. et la dernière planche sont doublés en partie.

794. **Recueil** de Gravures d'après des Vases antiques, la plupart d'un ouvrage grec, trouvés dans des tombeaux dans le royaume des Deux-Siciles, mais principalement dans les environs de Naples l'année 1789 et 1790. Tirées du cabinet de M. le chevalier Hamilton. *Publiées par M. Guillaume Tischbein, directeur de l'Académie royale de peinture à Naples,* 1791-1795 ; 4 tomes en 5 vol. in-fol., pl., parch.   **125 fr.**

Cet ouvrage renferme plus de 250 figures gravées au trait. Texte anglais et français.

795. **Recueil** de Pierres gravées antiques (par Levesque de Gravelle). *Paris, Mariette,* 1732-1737, 2 tomes en un vol. in-4, veau fauve, dos orné, tr. rouge (*Rel. anc.*). 40 fr.

2 frontispices et 205 planches gravés à l'eau-forte par *Levesque de Gravelle*, dont le monogramme se voit sur chacune des planches.

796. **Recueil** des Mémoires ou Factums qui ont paru par devant le Parlement de Provence pour et contre la demoiselle Catherine Cadière, Estienne-Thomas Cadière, et Messire François Cadière, ses frères, le P. Girard et le P. Nicolas. *Marseille, Dominique Sibié,* 1731 ; in-fol., veau brun.   **25 fr.**

797. **Recueil général** et complet des Fabliaux des XIIIe et XIVe siècles imprimés ou inédits, publiés d'après les manuscrits par M. Anatole de Montaiglon. *Paris, Lib. des Bibliophiles,* 1872 ; 2 vol. in-8, mar. rouge jans., tête dor., *non rognés (Amand).*   **45 fr.**

L'un des 25 exemplaires sur PAPIER DE CHINE (n° 8).
Bel exemplaire.

798. **Règne végétal** (Le), divisé en traité de botanique, flore médicale, usuelle et industrielle, horticulture théorique et pratique, plantes agricoles et forestières, histoire biographique et bibliographique de la botanique par MM. O. Réveil, A. Dupuis, Fr. Gérard et F. Hering. *Paris, Guérin,* 1871 ; 17 vol. gr. in-8 dont 9 de texte et 8 de planches, demi-rel. dos et coins de chagrin rouge, tête dor., *non rognés.*   **400 fr.**

Ouvrage renfermant plus de 3.000 dessins de plantes ou de détails botaniques, finement coloriés. Publié à 800 fr. Très bel exemplaire de premier coloris.

799. **Reliure.** Modèles de décorations de Reliure provenant de la collection du baron Sellières. In-fol., *en feuilles* dans un carton. 50 fr.

35 compositions dessinées au trait, d'après les originaux les plus riches et les plus parfaits du XVIe siècle, qui recouvraient principalement les romans de chevalerie de la célèbre collection du château de Mello.

800. **Reliures.** Histoire de la Bibliophilie, publié par J. Techener père et Léon Techener fils et accompagnée de planches gravées à l'eau-forte par M. Jules Jacquemart. *Paris, J. Techener,* 1861 ; in-fol. en 10 livraisons.   **120 fr.**

Ces dix livraisons sont les seules publiées, elles n'ont pas de texte, et renferment 50 planches à l'eau-forte par *J. Jacquemart*, reproduisant les plus beaux specimens de reliures anciennes connues.

801. **Rembrandt.** Œuvres de Rembrandt. *Paris et Vienne,* 1880 ; 4 albums gr. in-4, et gr. in-fol., cart.   **350 fr.**

Exemplaire sur PAPIER DU JAPON, 340 planches.

802. **Représentation des fêtes données par la ville de Strasbourg** pour la convalescence du Roi à l'arrivée et pendant le séjour de Sa Majesté dans cette ville. Inventé, dessiné et dirigé par J.-M. Weis, graveur de la ville de Strasbourg. *Paris, impr. par Laurent Aubert, s. d.* (1745) ; in-fol., veau marbr. (*Rel. anc.*).   **180 fr.**

Bel exemplaire aux armes royales.
L'illustration de ce livre somptueux comprend un titre gravé par *Marvie*, portrait de Louis XV, gravé par *Ville* d'après *Parrocel*, 11 planches de *Weiss*, gravées par *Le Bas* et *Weiss* ; 10 ff. de texte gravé

Achat de Bibliothèques

avec encadrements différents, une grande vignette en-tête et un cul-de-lampe dessinés par *Weiss* et gravés par *Marvie*.

803. Restif de La Bretonne. Monument du Costume. Les vingt-quatre estampes dessinées par Moreau le Jeune (avec notice par Ph. Burty). *Paris, Conquet,* 1883, texte in-8, gr. et encadré, dans un carton, et planches in-4, *en livraisons* 130 fr.

Exemplaire avec le texte sur PAPIER DE HOLLANDE ; double suite des figures de *Moreau* : avec les numéros sur papier de Hollande (4ᵉ état), et EAUX-FORTES PURES (1ᵉʳ état) sur *papier du Japon.*

804. Restif de La Bretonne. Monument du Costume. Les douze estampes dessinées par Freudenberg (avec notice par J. Grand-Carteret). *Paris, Conquet,* 1884 ; texte in-8, gravé, dans un carton et planches in-4, *en livraisons.* 70 fr.

Exemplaire avec texte sur PAPIER DU JAPON : double suite des figures de *Freudenberg* : avec les numéros sur papier de Hollande (4ᵉ état) et EAUX-FORTES AVANCÉES (2ᵉ état) sur *papier du Japon.*

805. Révolution française. Tafereelen van de Staatsomwenteling in Frankrijk. *Amsterdam, Johannes Allart,* 1794-1801 ; 2 vol. in-8, cart., *non rognés.* 160 fr.

Très bel exemplaire de ces Tableaux de la Révolution publiés en 25 livraisons, comportant 25 frontispices dessinés par *Winkeles* et *Vrydag* ; 77 figures d'après *Brion, Benazech, Casenave, Duplessi-Bertaux, Girardet, Monnet, Ozanne, Pellegrini, Prieur, Swebach, Vernet,* gravées par *Bulluis, Winkeles* et *Vrydag,* et 79 portraits par *Claessens* et *Portmann.*

806. Revue des Cours littéraires de la Revue de la France et de l'Etranger. *Paris, Baillière,* 1865-1868, 3 vol. — Revue des cours scientifiques. 1866 à 1868, 2 vol. Ens. 5 vol. in-4, demi-rel. chagr. Lavallière, tr. jasp. 15 fr.

807. Rhodiginus (Ludov.-Cælius). Antiquarum lectionum libri sexdecim. *Venetiis, in ædibus Albi et Andreæ soceri,* 1516 ; in-fol. de 40 ff., 862 pp. et 3 ff., veau mar. 35 fr.

ÉDITION ORIGINALE, dédiée par l'auteur au célèbre bibliophile JEAN GROLIER. Exemplaire provenant des doubles de la bibliothèque du duc d'Aumale.

808. Richard (Jules). En Campagne. Tableaux et dessins de Meissonier, E. Detaille, A. de Neuville, Bellangé, Berne-Bellecour, Boutigny, Dupray, Girardet, Morot, Protais, etc. *Paris, Boussod-Valadon, s. d. ;* in-fol., en feuilles, dans 2 cartons. 55 fr.

Première et seconde séries. L'un des exemplaires sur PAPIER VÉLIN DU MARAIS.

809. Robillard-Péronville et Laurent. LE MUSÉE FRANÇAIS, recueil complet des tableaux, statues et bas-reliefs qui composent la collection nationale, avec l'explication des sujets, des discours historiques sur la peinture, la sculpture et la gravure, par S.-C. Croze-Magnan, publié par Robillard-Peronville et Laurent. *Paris, impr. de L.-E. Herhan,* 1803 ; 4 vol. in-fol. max., demi-rel. mar. rouge, *non rog.* 500 fr.

Bel exemplaire contenant 314 planches.

810. Roger-Ballu. Les Dessins du siècle. *Paris, L. Baschet et Ch. Gillot, s. d. ;* in-fol., fig., cart. 12 fr.

66 planches reproduisant les œuvres des maîtres de la peinture et du dessin du XIXᵉ siècle. Texte encadré d'un filet rouge.

811. Rohault de Fleury. Mémoire sur les instruments de la Passion de N. S. Jésus-Christ. *Paris, Lesort,* 1870 ; in-fol., demi-rel. chagr. rouge, tête dor., *non rogné.* 35 fr.

23 planches.

812. Romans des douze Pairs de France, publiés par M. Paulin Paris. *Paris, Techener,* 1833-1848 ; 12 vol. in-8, mar. rouge, dos orné, fil., tr. dor. (*Koehler*). 200 fr.

Collection tirée à un petit nombre d'exemplaires, comprenant : *Li Romans de Berte aus grans piés. — Li Romans de Garin le Loherain,* 2 vol. — *Li Roman de Parise la Duchesse. — Li Romans de Raoul de Cambrai et de Bernier. — La chanson des Saxons,* 2 vol. — *La Chevalerie Ogier de Danemarche,* 2 vol. — *Le Romancero françois. — La Chanson d'Antioche,* 2 vol.

Exemplaire sur PAPIER DE HOLLANDE.

813. Rosini (Giovanni). Storia della Pittura italiana esposta coi monumenti. *Pisa, Nic. Capurro,* 1839-1855 ; 7 vol. in-8 et 5 tomes en 2 vol. in-fol., demi-rel. dos et coins de mar. rouge, dos orné, tête dor., *non rognés.* 75 fr.

Important ouvrage sur la peinture italienne, illustré de 622 planches gravées au trait. Bel exemplaire tiré sur PAPIER FIN.

814. Rosset. L'Agriculture. Poëme. *A Paris, de l'impr. Royale,* 1774 ;

2 parties en un vol. in-4, bas. (*Rel. anc.*). 40 fr.

Très belles illustrations comprenant 2 frontispices par *Saint-Quentin*, 1 fleuron sur le titre et 2 vignettes en-tête par *Marillier*, 6 figures de *Loutherbourg*, gravées par *de Ghendt, Leveau, Lingée* et *Ponce*; et 6 vignettes en-têtes de *Saint-Quentin*, gravées par *Hémery, Leveau, Lingée* et *Ponce.*
Exemplaire grand de marges.

815. Rousseau (J.-J.). La Botanique de J.-J. Rousseau, ornée de soixante-cinq planches imprimées en couleurs d'après les peintures de P.-J. Redouté. *Paris, Delachaussée et Garnery,* 1805 ; in-fol., mar. rouge, dos orné, dent. et comp. de fil., tr. dor. (*Rel. anc.*). 120 fr.

65 belles planches gravées en taille-douce et imprimées en couleur.

816. Rousseau (J.-J.). Collection complète des Œuvres de J.-J. Rousseau. *Londres (Bruxelles),* 1774-1783 ; 12 vol. in-4, veau racine, dos orné, fil., tr. jaspée (*Rel. anc.*). 300 fr.

Édition ornée d'un portrait de Rousseau gravé par *Aug. de Saint-Aubin* d'après *La Tour,* de 37 belles figures de *Moreau* et *Le Barbier,* gravées par *Choffard, Dambrun, de Launay, Duclos, Duflos, Halbou, Ingouf, Lemire, Saint-Aubin,* etc., et de 12 jolis fleurons de titre par *Choffard, Le Barbier* et *Moreau.*
Bel exemplaire.

817. Rousselet (Louis). L'Inde des Rajahs. Voyage dans l'Inde centrale et dans les présidences de Bombay et du Bengale. *Paris, Hachette,* 1875 ; in-4, demi-rel. chagrin rouge, plats toile, tr. dor. 35 fr.

Très bel ouvrage orné de 317 gravures sur bois et de 6 cartes.

818. Royaumont. L'Histoire du Vieux et du Nouveau Testament, représentée avec des figures et des explications édifiantes par le sieur de Royaumont (Nicolas Fontaine et Le Maistre de Sacy). *Paris, Pierre Le Petit,* 1670 ; in-4, mar. rouge, dos orné, comp. de fil. à la du Seuil, tr. dor. (*Rel. anc.*). 320 fr.

ÉDITION ORIGINALE. Figures de *Sébastien Le Clerc.*

819. Rusca (Louis). Recueil des dessins de différens bastimens construits à St-Pétersbourg et dans l'intérieur de l'empire de Russie. *Saint-Pétersbourg,* 1810 ; in-fol., demi-rel. chagrin rouge. 90 fr.

181 planches gravées au trait.

820. Rutebeuf. Œuvres complètes de Rutebeuf, trouvère du XIIIᵉ siècle, recueillies et mises au jour pour la première fois par A. Jubinal. *Paris,* 1874 ; 3 vol. in-18, br. 10 fr.

Papier de Hollande. — De la Bibliothèque Elzévirienne publiée par Jannet, Daffis, etc.

821. Sadeler. Les Pères du Désert. *Paris, Daumont et Mariette ;* in-4 obl., demi-rel. chagr. rouge. 40 fr.

Recueil de 99 planches sur cuivre, représentant les hermites, hommes et femmes, les plus célèbres dans l'histoire religieuse. Légères mouillures.

822. Sahib. Croquis maritimes par Sahib (Gourdon). *Paris, Vanier,* 1880 ; in-4, cart. toile, tr. dor. 12 fr.

PREMIER TIRAGE. — Nombreux dessins humoristiques.

823. Saint-Albin. Les Salles d'Armes de Paris. *Paris, Glady,* 1875 ; in-8, br. 12 fr.

PAPIER VAN GELDER. Nombreux portraits par *Courtry.*

824. Saint-Allais. Nobiliaire universel de France, ou recueil général des généalogies historiques des maisons nobles de ce royaume, par M. de Saint-Allais et par M. de la Chabeaussière. *Paris, Bachelin-Deflorenne,* 1872-1875 ; 20 vol. in-8, demi-rel. dos et coins de mar. rouge, tête dor., *non rognés.* 160 fr.

825. Saint-Amant. Les Œuvres du sieur de Saint-Amant. *Paris, de l'impr. de Rob. Estienne pour Fr. Pomeray et T. Quinet,* 1629-1631-1643-1649-1658 ; 5 parties en 2 vol. in-4, mar. rouge, dos orné, fil., tr. dor. (*Chambolle-Duru*). 225 fr.

ÉDITIONS ORIGINALES.
A la suite de la dernière partie intitulée: « Dernier recueil de diverses poésies du S. de Saint-Amant », on a relié 5 pièces qui complètent les Œuvres : Caprice — Épistre héroï-comique dédiée au duc d'Orléans. — Caprice ridicule (Rome ridicule). — La Scène extravagante, — et La Généreuse.
Très bel exemplaire provenant de la bibliothèque GUY-PELLION.

826. Saint-Edme. Amours et Galanteries des rois de France. *Paris, Amable Costes,* 1830 ; 2 vol. in-8, demi-rel. veau fauve, éb. 15 fr.

Manque le titre du tome I.

827. Saint-Gelais (Mellin de). Œuvres poétiques. *Lyon, Antoine de Harsy,* 1574 ; pet. in-8 de 8 ff.

Achat de Bibliothèques

prélim. et 253 pp., mar. vert, tr. dor. **30 fr.**

Raccommodage au titre et au dernier feuillet.

828. Saint-Just. Organt, poème en vingt chants. *Au Vatican (Paris)*, 1789 ; 2 parties en un vol. in-18, veau vert granité, dos orné, dent., tr. dor. (*Rel. anc.*). **25 fr.**

ÉDITION ORIGINALE de ce poème du célèbre conventionnel dont les exemplaires sont devenus très rare.

829. Saint-Simon (Duc Louis de). Mémoires complets et authentiques du duc de Saint-Simon sur le siècle de Louis XIV et la régence. *Paris, Hachette,* 1856 ; 13 vol. in-12, demi-rel. veau fauve, dos orné. **30 fr.**

Nombreux portraits sur acier.

830. Sainte-Beuve. Œuvres de C.-A. Sainte-Beuve. *Paris, Alphonse Lemerre,* 1876-1879 ; 4 vol. pet. in-12, portr. **40 fr.**

Tableau de la Poésie française. Poésies complète.
Un des 25 exemplaires sur PAPIER DE CHINE.

831. Salengre. Histoire de Pierre de Montmaur, professeur royal en langue grecque, dans l'Université de Paris. *La Haye, Chr. Van Lom,* 1715 ; 2 vol. in-12, front. et fig., mar. rouge, dos orné, fil., tr. dor. (*Capé*). **75 fr.**

832. Salerne. Histoire naturelle éclaircie dans une de ses parties principales, l'Ornithologie qui traite des oiseaux de terre, de mer et de rivière tant de nos climats que des pays étrangers. *Paris, Debure,* 1767 ; in-4, basane. **35 fr.**

31 planches dessinées et gravées au burin par *Martinet.*

833. Salin (Patrice). Notice sur Chilly-Mazarin. Le château, — l'église, — le village d'Effiat. *Paris, Ad. Le Clere,* 1867 ; gr. in-8, broché. **10 fr.**

Six eaux-fortes de *Karl Fichot,* reproduction de dalles funéraires et vues diverses.

834. Salluste. C. Crispi Salustii lationorum historicorum præstantissimi, Opera, quæ quidem extant, omnia : videlicet, L. Sergii Catillinæ contra senatum Rom, conjuratio, seu bellum Catilinarium stem bellum Juqurthium. *Basileæ,* 1564 ; in-fol., veau fauve, dos orné, dent.,

semis de fleurs de lis, tr. dor. (*Rel. anc.*). **100 fr.**

Aux armes de LOUIS XIII.

835. Salon de 1872. *Paris, Goupil,* 1872 ; 2 vol. gr. in-4, demi-rel. mar. rouge. **50 fr.**

86 photographies tirées sur Chine et montées sur onglets.

836. Salon de 1878. *Paris, Goupil,* 1878 ; 2 vol. gr. in-4, demi-rel. dos et coins de mar. rouge. **50 fr.**

100 planches photographiques tirées sur Chine et montées sur onglets.

837. Salon des Aquarellistes français. Texte de Eugène Montrosier. *Paris, Launette,* 1887-1888 ; 2 vol. in-4, br. **75 fr.**

Première et seconde année.
· Très belle publication ornée de nombreuses reproductions d'œuvres des meilleurs maîtres de l'époque. Couvertures illustrées. Publié à 140 fr.

838. Sand (George). Les Beaux Messieurs de Bois-Doré. *Paris, Cadot,* 1859 ; 5 vol. in-8, br. **25 fr.**

Couvertures conservées.

839. Sante-Bartoli. Admiranda romanarum antiquitatum, ac veteris sculptuaræ vestigia, a P. Sante Bartolo del. et incisa notis Jo. P. Bellori illustrata. *Romæ, J. de Rubeis, s. d.* (1730); in-fol. oblong, vélin. **35 fr.**

81 belles planches gravées sur cuivre.

840. Sante-Bartoli. Recueil de Peintures antiques trouvées à Rome ; imitées fidèlement, pour les couleurs et le trait, d'après les dessins coloriés par Pietro-Sante Bartoli et autres dessinateurs. Seconde édition. *Paris, impr. de Didot l'aîné,* 1783-1787 ; 3 tomes en 2 vol. infol., mar. vert, dos orné, fil., tr. dor. (*Derome le jeune*). **400 fr.**

Seconde édition augmentée, tirée à 100 exemplaires, ornée de 54 planches qui ont été, dans cet exemplaire, très finement coloriées.
Les descriptions des peintures sont l'œuvre de Mariette et du comte de Caylus, celle de la mosaïque de Palestrine est de l'abbé Barthélemy.
A la suite du 2ᵉ volume : Histoire critique de la pyramide de Caïus Cestius par l'abbé Rive. *Paris,* 1787.
Très bel exemplaire du duc HAMILTON.

841. Sauzay et **Delange**. Monographie de l'Œuvre de Bernard Palissy, suivie d'un choix de ses continuateurs ou imitateurs. Dessiné par MM. Carle Delange et C. Borneman et accompagné d'un texte par MM. Sauzay et Henri Delange. *Paris*, 1862 ; in-fol. *en feuilles* dans un carton.   400 fr.

Très belle publication ornée d'un Portrait de Bernard Palissy et de 100 planches tirées en couleur. Cet ouvrage n'a été imprimé qu'à 300 exemplaires et est devenu rare.

842. Savary de Lancosme-Breves. De l'équitation et des Haras. *Paris, Rigo*, 1842 ; in-4, br.   20 fr.

Figures et vignettes sur bois par *Giraud*.

843. Scamozzi (Vincent). Œuvres d'Architecture. *La Haye, P. de Hondt*, 1736 ; in-fol., bas.   15 fr.

Traduction d'Aug.-Charles d'Aviler et de Samuel du Ry.
Nombreuses planches sur cuivre.

844. Scarron. Le Roman comique peint par J.-B. Pater et J. Dumont le Romain, réduit d'après les gravures au burin de Surugue père et fils, Benoît Audran, etc., gravures par Tiburce de Mare, et accompagné de Notices explicatives au bas de chaque figure et d'une Préface par Anatole Montaiglon. *Paris, Rouquette*, 1883 ; in-4, cart. toile.   15 fr.

Jolie collection de 16 figures et d'un portrait sur papier vélin.

845. Schiller. Œuvres de Schiller. Traduction nouvelle par Ad. Régnier. *Paris, Hachette*, 1859-1862 ; 8 vol. in-8, portr., demi-rel. dos et coins de mar. rouge, tête dor., *non rognés (Cottin-Simier)*.   100 fr.

Un des 100 exemplaires sur GRAND PAPIER VÉLIN.

846. Scott (Walter). Œuvres complètes de sir Walter Scott. *Paris, Ch. Gosselin et Sautelet*, 1828-1833 ; 84 vol. in-12, veau brun, tr. marbr.   180 fr.

Traduction de Defauconpret. Figures et vignettes de *Desenne, Eug. Lami et Tony Johannot*.

847. Scott (Walter). Vie de Napoléon Bonaparte, empereur des français ; précédée d'un tableau préliminaire de la Révolution française. *Paris, Treuttel et Wurtz, Ch. Gosselin*, 1827 ; 9 vol. in-8, br. 40 fr.

848. Seba (Albert). Description exacte des principales curiosités naturelles de son magnifique cabinet. *Amsterdam, Jansson Waesberghe*, 1734-1765 ; 4 vol. gr. in-fol., demi-rel. chagrin bleu, *non rognés*.   250 fr.

Ouvrage illustré d'un frontispice et de 449 planches soigneusement coloriées. Texte latin et français.

849. Segoing. Armorial universel contenant les armes des principales Maisons, Estatz et Dignitez des plus considérables Royaumes de l'Europe. Blazonnées de leurs métaux et couleurs, et enrichies de leurs ornemens exterieurs. Corrigé et mis en ordre par C. Segoing. *Paris, Hubert Jaillot*, 1679 ; in-4, front. et pl., parchemin brun.   75 fr.

Ouvrage héralidique estimé renfermant 214 planches d'armoiries gravées en taille-douce, auxquelles on a ajouté 8 feuillets donnant 66 armoiries dessinées à la plume avec la plus grande exactitude.

850. Senecterre (Mlle de). Orasie. *Paris, Ant. de Sommaville*, 1646 ; 4 vol. pet. in-8, veau brun. (*Rel. anc.*).   50 fr.

Le dos de la reliure porte les armoiries du comte de TOULOUSE.

851. Serlio (Sébastien). Livre extraordinaire de l'Architecture de Sébastien Serlio, auquel sont demonstrées trente portes rustiques meslées de divers ordres. Et vingt autres d'œuvre délicate en diverses espèces. *Lyon, Jean de Tournes*, 1551 ; in-fol., dérelié.   35 fr.

PREMIÈRE ÉDITION française. Les deux dernières planches de la IIe série manquent.

852. Seroux d'Agincourt. Histoire de l'Art par les monuments, depuis sa décadence au IVe siècle jusqu'à son renouvellement au XVIe. *Paris, Truttel et Wurtz*, 1823 ; 6 vol. in-fol., demi-rel. veau fauve, éb.   180 fr.

325 planches.

853. Sévigné. Lettres de Madame de Sévigné, de sa famille et de ses amis, précédées d'une Notice par M. Gault de Saint-Germain. *Paris, Dalibon*, 1823 ; 12 vol. in-8, portr., demi-rel. veau.   40 fr.

25 portraits par *Devéria*, AVANT LA LETTRE.

854. Shaw (Henry). The decorative Arts ecclesiastical and civil of the Middle Ages. *London, Wil-*

liam Pickering, 1851 ; pet. in-fol., demi-rel. dos et coins de chagr. bleu, tr. dor.   **100 fr.**

41 planches, la plupart en couleurs, reproduisant des vitraux, des émaux, des reliquaires, des ivoires, des faïences et autres objets précieux du Moyen-Age et de la Renaissance.

855. Shepherd (Thomas). London and its Environs in the XIX^the century, illustrated by a serie of Viewes from original drawings. *London, Jones*, 1829 ; in-4, demi-rel. mar. brun, *non rogné.*   **40 fr.**

190 vues de Londres gravées sur acier.

856. Silvestre (Armand). Floréal. Illustrations de Georges Cain. Préface de Jules Claretie. Musique de Jules Massenet. *Paris, Ch. Delagrave, s. d.* (1893) ; in-4, demi-rel. dos et coins de mar. rouge, tête dor., *non rogné.*   **30 fr.**

Très belles illustrations de *Georges Cain.* Envoi autographe du dessinateur.

857. Sicanicarum rerum compendium Maurolyco abbate Siculo authore. *Messianæ in Freto Siculo, Petrus Spira*, 1562 ; pet. in-4, mar. rouge , fil., tr. dor. (*Rel. anc.*).   **80 fr.**

Bel exemplaire aux armes et au chiffre de CHARRON, marquis de MÉNARS. Sur des feuillets ajoutés se trouvent d'intéressantes notes manuscrites complémentaires sur les événements arrivés en Sicile de 1510 à 1530.

858. Soane (John). Designs for public and private buildings. *London*, 1828 ; pet. in-fol., chagr. rouge, dos orné, fil., tr. dor. **100 fr.**

54 planches sur Chine collé donnant la représentation de monuments publics et privés.

859. Soltykoff. Esquisses de l'Inde, par le prince Soltykoff. *Paris, Bry*, gr. in-fol., demi-rel.   **50 fr.**

28 planches en lithographie.
Exemplaire contenant plusieurs portraits, et particulièrement une planche libre, qui ne se trouve pas toujours.

860. Sonnerat. Voyage à la Nouvelle-Guinée, dans lequel se trouve la description des lieux, des observations physiques et morales. *Paris, Ruault*, 1776 ; in-4, demi-rel. bas.   **25 fr.**

120 planches gravées sur cuivre.

861. Sonnerat. Voyage aux Indes orientales et à la Chine, fait par ordre du roi depuis 1774 jusqu'en

1781. *Paris, chez l'auteur*, 1782 ; 2 vol. in-4, veau marbré, dos orné (*Rel. anc.*)   **25 fr.**

Ouvrage fort intéressant traitant des Mœurs et religion des Indiens, Chinois, Pingouins, et Madécasses à la fin du siècle dernier ; orné de 140 belles planches en taille-douce, gravées par *Poisson, Desmoulins, Milsan* et autres.

862. Soulavie (J.-L.). Histoire de la décadence de la Monarchie française. *Paris, Duprat*, 1863 ; 3 vol. in-8, br.   **10 fr.**

Manque l'atlas.

863. Soulavie (J.-L.). Mémoires historiques et politiques du règne de Louis XVI, depuis son mariage jusqu'à sa mort. *Paris, Treuttel et Wurtz*, 1801 ; 6 vol. in-8, demi-rel. veau bleu.   **40 fr.**

Mémoires réputés.

864. Spanheim. Histoire de la Papesse Jeanne, fidèlement tirée de la dissertation latine de Spanheim (par Jacques Lenfant). *La Haye, Van den Kieeboom*, 1736 ; 2 vol. in-12, veau fauve, fil. (*Rel. anc.*)   **20 fr.**

Exemplaire contenant la figure de la procession.

865. Stephanonius (Petrus). Gemmæ antiquitus sculptæ a P. Stephanonio collectæ et declarationibus illustratæ. *Romæ*, 1627 ; in-4, vélin.   **10 fr.**

Recueil de 22 planches gravées. — Tache d'humidité et une figure remmargée.

866. Stradan (J.). Passio mors et resurrectio. Dn. nostri Jesu Christi. Iconibus artificiosissimis, à celeberrimo pictore Joanne Stradano Belga delineata et a Philippo Gallæo æneis formis incisa. (*Antverpiæ, circa,* 1580) ; in-4, obl., demi-rel. bas.   **30 fr.**

Titre, dédicace, portrait et 37 planches sur cuivre.
On a relié à la suite 13 planches de *M. de Vos*, représentant la cruxifixion de Jésus et le martyre des 12 apôtres. — Taches.

867. Sue (Eug.). Mathilde. Mémoires d'une jeune femme. *Paris, Gosselin*, 1844 ; 2 vol. gr. in-8, demi-rel. chagrin violet.   **18 fr.**

Figures sur bois d'après *Cél. Nanteuil, Johannot, Français*, etc. Quelques taches d'humidité.

868. Sue (Eugène). Les Misères des

Enfants trouvés. *Paris, s. d.* (1851); 4 vol. gr. in-8, demi-rel. chagr. 20 fr.

Figures hors texte gravées sur acier d'après *Charpentier, Masson* et *Castelli.* Le verso du faux-titre porte une curieuse nomenclature contenant tous les noms de ceux qui ont participé à l'exécution de cette édition : Protes, imprimeurs, clicheurs, fabricants de papiers, dessinateurs, graveurs, planeurs, employés, etc., etc.

869. **Suisse.** Lettres sur la Suisse, par MM. H. Sazerac et G. Engelmann [Raoul Rochette et de Golbery]. Accompagnées de vues dessinées d'après nature et lithographiées par M. Villeneuve. *Paris, G. Engelmann,* 1823-1832 ; 5 parties en un vol. in-fol., cart., *non rogné.* 70 fr.

1re partie, 24 pl. — 2e partie, 16 pl. — 3e partie, 24 pl. — 4e partie, 24 pl. — 5e partie, 24 pl. Ensemble 112 belles planches lithographiées et tirées sur Chine monté. Le titre de la première partie manquant a été remplacé par celui de la seconde.

870. **Suisse.** Lettres sur la Suisse, par MM. H. Sazerac et G. Engelmann [et Raoul Rochette]. Accompagnées de vues dessinées d'après nature et lithographiées par M. Villeneuve. *Paris, G. Engelmann,* 1823-1824 : 2 parties en un vol. in-fol., demi-rel. dos et coins, chagr. rouge. 25 fr.

Les 2 premières parties seules de cet ouvrage : Oberland bernois, 24 pl.; Ancien évêché de Bâle, 16 pl. Ens. 40 belles planches lithographiques.

871. **Swift.** Voyages de Gulliver (traduits de l'anglais de Swift, par l'abbé Desfontaines). *Paris, Coustelier,* 1727 ; 2 vol. in-12, fig. — Le Nouveau Gulliver par M. L. D. F. (l'abbé Desfontaines). *Paris, Vve Clouzier,* 1730 ; 2 vol. Ens. 4 vol. in-12, veau fauve, dos orné, fil., tr. dor. (*Closs*). 100 fr.

ÉDITIONS ORIGINALES.

872. **Tableau** (Le) des piperies des femmes mondaines, ou par plusieurs histoires se voyent les ruses et artifices dont elles se servent. *Paris, J. Denis,* 1633 ; pet. in-12, mar. citron, fil., tr. dor. (*Rel. anc.*) 75 fr.

Bel exemplaire dans une reliure pouvant être attribuée à Derome.

873. **Tacite.** C. Cornelius Tacitus ex J. Lipsii, occuratissima editione. *Lugduni, Batavorum, ex off. Elzeviriana,* 1634 ; 2 vol. pet. in-12, titre gravé, mar. bleu, dos orné, fleurons, doublé de mar. rouge, dent., tr. dor. (*Rel. anc.*) 120 fr.

Charmante édition imprimée par *Bonaventure* et *Abraham Elzevier.* Haut. : 125 mm.

874. **Tahureau.** Les Poésies de Jacques Tahureau, du Mans, mises toutes ensembble et dédiées au cardinal de Guyse. *Paris, Ruelle,* 1574 ; in-8, mar. bleu, comp. de fil. à froid et dent. dor., tr. dor. (*Trautz-Bauzonnet*). 200 fr.

Édition la plus complète de ce poète, l'un des meilleurs et l'un des plus gracieux de l'école de Ronsard. Exemplaire de la bibliothèque BANCEL. Quelques petites restaurations.

875. **Tardif-Desvaux.** Angers pittoresque. Texte par E... L... *Angers, Cosnier et Lachèse,* 1843 ; in-4, demi-rel. veau rose. 25 fr.

45 planches sur Chine collé.

876. **Tasso** (Torquato). La Gerusalemme liberata. *Parma, Bodoni,* 1794; 2 vol. in-4, demi-rel. chagrin rouge, *non rognés.* 30 fr.

Belle édition tirée sur PAPIER VERGÉ.

877. **Tasse** (Le). La Jérusalem délivrée. Traduction nouvelle et en prose, par M. V. Philipon de la Madelaine. *Paris, Mallet,* 1841 ; gr. in-8, fig., demi-rel. chagrin brun, dos orné, *non rogné.* 20 fr.

Exemplaire du PREMIER TIRAGE. Belle édition illustrée de figures sur bois par *Baron* et *Célestin Nanteuil,* dont 20 planches AVANT LA LETTRE, tirées sur CHINE.

878. **Tasse** (Le). La Jérusalem délivrée, traduction nouvelle et en prose par M. V. Philipon de la Madelaine. Augmentée d'une description sur Jérusalem par M. de Lamartine. *Paris, Mallet,* 1844 ; in-8, br., couv. ill. 15 fr.

Deuxième édition des illustrations de *Baron* et *Célestin Nanteuil,* comprenant 170 vignettes gravées sur bois dont 20 planches tirées à part sur Chine avant la lettre.

879. **Tavernier** (J.-B.). Les Six Voyages de J.-B. Tavernier, baron d'Aubonne, en Turquie, en Perse et aux Indes pendant l'espace de 40 ans. Nouvelle édition. *Paris, Vve P. Ribou,* 1724 ; 2 vol. in-12, veau. 12 fr.

Portrait, frontispice et planches en taille-douce.

Achat de Bibliothèques

880. Taylor et **Nodier**. Voyages pittoresques et romantiques dans l'ancienne France. — Languedoc — *Paris, Didot,* 1823-1827 ; 6 part. en 4 vol. in-fol., demi-rel. chagrin rouge, *non rognés.* 300 fr.

Le Languedoc, divisé en 6 part., renferme 331 planches numérotées de 1 à 331 et 215 pl. supplémentaires, soit en tout 546 pl. hors texte, la plupart sur Chine, mais très mal chiffrées ; le texte n'a pas de pagination ; les cahiers sont de 2 ff. et chaque page est tirée dans un superbe encadrement historié.
Très bel exemplaire.

881. Ternisien - d'Haudricourt. Fastes de la Nation française, ou tableaux pittoresques gravés par d'habiles artistes, accompagnés d'un texte explicatif, et destiné à perpétuer la mémoire des hauts faits militaires, des traits de vertu civiques, ainsi que les exploits de la Légion d'honneur. *Paris, Potier,* 1804 ; in-4, demi-rel. mar. vert. 60 fr.

Frontispice et 146 planches gravées par *Couché, Pourvoyeur,* d'après *Lafitte, Swebach,* etc., avec texte en taille-douce.

882. Térence. Pub. Terentii Comœdiæ nunc primum italicis versibus redditæ (a Nicolaus Fortiguerra). *Urbini, Hier. Mainardi,* 1736 ; in-fol., veau marbr., dos orné, tr. dor. 50 fr.

Très belle édition publiée aux frais du cardinal Albani. Elle est illustrée de figures sur cuivre gravées d'après le manuscrit de la bibliothèque du Vatican.

883. Thausing (Moriz). Albert Dürer, sa vie et ses œuvres. Traduit de l'allemand par Gustave Gruyer. *Paris, Firmin Didot,* 1878 ; in-4, br. 20 fr.

75 gravures en taille-douce, lithographiées et sur bois.

884. Thévenot. Relation d'un voyage fait au Levant. Dans laquelle il est curieusement traité des estats sujets au Grand Seigneur, des mœurs, religions, forces, gouvernements, politiques, langues et coutumes des habitants de ce grand Empire. *Paris, L. Billaine,* 1665 ; in-4, vélin. 8 fr.

885. Thienon et **Piringer**. Voyage pittoresque dans le Bocage de la Vendée, ou vues de Clisson et de ses environs, dessinées d'après nature et publiées par C. Thienon et gravées à l'aqua-tinta par Piringer. *Paris, P. Didot,* 1817 ; in-4 cart. 8 fr.

30 planches à l'aqua-tinte.

886. Thiers (Jean-Baptiste). Traité des Superstitions selon l'écriture sainte, les décrets des conciles, et les sentimens des Saints Pères et des théologiens. *Paris, Ant. Dezallier,* 1679 ; in-12, veau. 4 fr.

887. Traittez des baromètres, thermomètres et notiomètres ou hygromètres, par M. D*** (Dalencé). *Amsterdam, Paul Marret,* 1707 ; in-12, veau. 10 fr.

Frontispice et jolies figures de *Schoonebeek.*

888. Traité des restitutions des grands, précédé d'une lettre touchant quelques points de la morale chrestienne. (Par Claude Joly). *S. l. (Amsterdam, Daniel Elzevier),* 1665 ; pet. in-12, veau fauve, tr. dor. 8 fr.

Haut. 130 mm.

889. Triomphe (Le) de l'Amour divin dans la vie d'une grande servante de Dieu, nommée Armelle Nicolas, fidellement écrite par une religieuse du monastère de Ste Ursule de Vannes. *Vannes, Jacques de Heuqueville,* 1707 ; in-8, portr., veau. 8 fr.

Cet ouvrage, attribué à Jeanne de la Nativité, ursuline, est en réalité du bénédictin Dom Olivier Echallard.

890. Trois Siècles (Les) de notre littérature, ou tableau de l'esprit de nos écrivains depuis François Ier jusqu'en 1772 (par Ant. Sabatier, de Castres). *Amsterdam et Paris, Gueffier,* 1763 (sic *pour* 1773) ; 3 vol. in-12, cart., *non rognés.* 8 fr.

891. Trophée de la Vie solitaire et heremetique, ou épigrammes pour appliquer au bas des images de plusieurs Saints et Saintes solitaires. *S. l.,* 1474 (sic *pour* 1674) ; in-8 de 44 pp., mar. rouge jans., tr. dor. (*Trautz-Bauzonnet*). 100 fr.

Curieux recueil de poésies religieuses adressées à la R. M. Françoise de Sainte-Luce, religieuse ursuline au monastère de Pontoise. Rare.

892. Turpin de Crissé. Souvenirs du Vieux Paris. Exemples d'architecture de temps et de styles divers. *Paris*, 1836 ; in-fol., demi-rel. veau.   25 fr.

 30 planches lithographiques.

893. **Universæ philosophiæ** rationalis in dialecticam Aristotelis Epitome, libris octo absoluta. Hieronymo Vuildenbergio Aurimontano dissertore. *Parisiis, apud Thomam Richardum*, 1553 ; in-8, parch.   20 fr.

 Le texte est accompagné d'un commentaire manuscrit de l'époque écrit sur des feuillets disposés entre les pages du volume.

894. **Vachon** (Marius). L'Ancien Hôtel de Ville de Paris (1533-1871). *Paris, Quantin*, 1882 ; in-4, cart., *non rogné*.   15 fr.

 100 gravures dans le texte et 25 planches hors texte, tirées en taille-douce, reproduisant les peintures et autres œuvres d'art détruites dans l'incendie de 1871.

895. **Valerii Maximi** dictorum factorumque memorabilium exempla. *Lugduni, apud Séb. Gryphium*, 1541 ; pet. in-8, veau.   10 fr.

 Nom gratté sur le titre.

896. **Vallès** (Jules). La Rue à Londres. *Paris, Charpentier*, 1884 ; gr. in-4, cart. toile, fers spéciaux. *non rogné*.   35 fr.

 Edition ornée de 22 eaux-fortes et de nombreux dessins par A. Lançon.
 Bel exemplaire sur PAPIER VÉLIN, avec eaux-fortes sur Hollande.

897. **Vasili** (P.). La Sainte Russie. La Cour, l'armée, le clergé, la bourgeoisie et le peuple. *Paris, Firmin-Didot*, 1890 ; in-4, demi-rel. dos et coins de chagr. vert, dos orné, tête dor., *non rogné*.   16 fr.

 4 chromolithographies et 200 gravures dans le texte ou hors texte.

898. **Vauban**. Traité de l'attaque et de la deffence des places par M. le Maréchal de Vauban. In-fol., parchemin.   40 fr.

 Manuscrit d'une bonne écriture du commencement du XVIII° siècle. Il comprend 282 pages avec dessins démonstratifs ; plusieurs de ceux-ci ont été enlevés. Ce traité de Vauban a été imprimé.

899. **Vaudoncourt** (Général Guill. de). Histoire des Campagnes de 1814 et 1815 en France. *Paris, Avril de Gastel*, 1826 ; 5 vol. in-8, br. 25 fr.

 Cartes des batailles de Brienne, de Waterloo et de Ligny.

900. **Vauquelin de la Fresnaie.** Les Diverses Poésies. — Œuvres diverses en prose et en vers, précédées d'un essai sur l'auteur et suivies d'un glossaire, par Julien Travers. *Caen, impr. de Le Blanc-Hardel*, 1869-1872 ; 3 vol. gr. in-8, portr., demi-rel. dos et coins de mar. brun, dos orné, tête dor., éb. (Masson-Debonnelle).   75 fr.

 Un des 25 exemplaires sur PAPIER JÉSUS DE HOLLANDE. On y joint dans une reliure semblable : *Vauquelin des Yveteaux, par E.-J.-B. Rathery*. Paris, Aubry, in-8.

901. **Verelius** (Olaus). Manuductio ad Runographiam Scandicam antiquam, recte intelligendam. (Suecice et latine). *Upsal, Henricus Curio*, 1675 ; pet. in-fol., veau fauve, dos orné, fil., tr. rouge. (*Rel. anc.*).   40 fr.

 Bel exemplaire aux armes de COLBERT.

902. **Véritable** (La) origine des très illustres maisons d'Alsace, de Lorraine, d'Austriche, de Bade et de quantité d'autres. Avec les tables généalogiques des descentes desdites maisons et des branches qui en sont sorties. (Par Jérôme Vignier). *Paris, Gaspar Meturas*, 1649 ; in-fol., veau.   20 fr.

 Exemplaire aux armes de FIEUBET DE NAULAC, conseiller au parlement de Toulouse.

903. **Versailles**. Souvenir d'une promenade à Versailles. *Paris, Gavard, s. d.* ; in-fol., demi-rel. chagr.   20 fr.

 Album de 31 planches gravées au trait sur acier.

904. **Vétault** (Alphonse). Charlemagne. Introduction par Léon Gautier. *Tours, Alfred Mame*, 1877 ; gr. in-8, demi-rel. chagr. rouge, plats toile, fers spéciaux, tr. dor. (*Rel. de l'édit.*).   20 fr.

 Belles et nombreuses illustrations hors et dans le texte.

905. **Vie** (La) de Jean-Baptiste Colbert, ministre d'Etat sous Louis XIV, roy de France. (Par Gatien Sandras de Courtilz). *A Cologne, chez Pierre le Vray (Amsterdam)*, 1696 ; pet. in-12, bas.   6 fr.

 Aux armes de Antoine-René de la Roche-Fontenille, évêque de Meaux.

www.ingramcontent.com/pod-product-compliance
Lightning Source LLC
LaVergne TN
LVHW021158200726
843510LV00001B/434